W0242033

Hans Carossa, geboren am 15. Dezember 1878 in Bad Tölz, ist am 12. September 1956 in Rittsteig bei Passau gestorben.

Im letzten Band der als Tetralogie angelegten Jugenderinnerungen führt Hans Carossa nach der Beschreibung der *Kindheit* (it 295), den *Verwandlungen einer Jugend* (it 296), dem *Jahr der schönen Täuschungen* (it 1091) die Geschichte seiner Jugend zu Ende. Beschrieben werden die Studienjahre in Leipzig und die Anfänge der Praxis in Passau, die erste Begegnung mit der »Insel«, der Besuch bei den Elf Scharfrichtern in München, die beiden Frauengestalten Luitgarde und Afra, im Kontrast dazu das bunte Bild der Landshuter Hochzeit, danach die Aussöhnung mit dem Vater und dessen Tod. Zentrales Thema aber ist immer wieder die ethische Aufgabe des Arztes, seine tiefe geistig-seelische Verbundenheit mit dem Patienten.

»Was ich an Ihrer Darstellung bewundere, ist die ergreifende Zartheit des Stils, der der eines Silberstifts zu sein scheint. So wird das gelebte Leben zu einer Kette von prägnanten Augenblicken, die gerade dadurch, daß sie tief in das dichterische Element eingetaucht sind, auch dem fremden Leser ihre Wirklichkeit und Wahrheit mitteilen. Das Wissen, das er so empfängt, ist nicht indiskret, als wenn er verbotenerweise durch ein offenes Fenster sieht, sondern wesenhaft, er nimmt teil, zu seiner tiefen Belehrung, an einem offenbaren Geheimnis, das er der Treue des Erzählers verdankt. Vater, Mutter, Schwester, Freundinnen, Patienten, Landschaften, Erlebnisse, welch ein schöner Zug von Gestalten und Figurationen und über allem der Dichter selbst! Ich hätte noch weit über die letzte Seite hinaus weiterlesen mögen.« *Werner Kraft an Hans Carossa, 28. November 1955.*

insel taschenbuch 1137
Erste Auflage 1988
© Insel Verlag Frankfurt am Main 1962
Alle Rechte vorbehalten
Hinweise zu dieser Ausgabe am Schluß des Bandes
Vertrieb durch den Suhrkamp Taschenbuch Verlag
Umschlag nach Entwürfen von Willy Fleckhaus
Satz: Fotosatz Otto Gutfreund, Darmstadt
Druck: Nomos Verlagsgesellschaft, Baden-Baden
Printed in Germany

1 2 3 4 5 6 – 93 92 91 90 89 88

HANS CAROSSA

DER TAG DES JUNGEN ARZTES

Insel Verlag

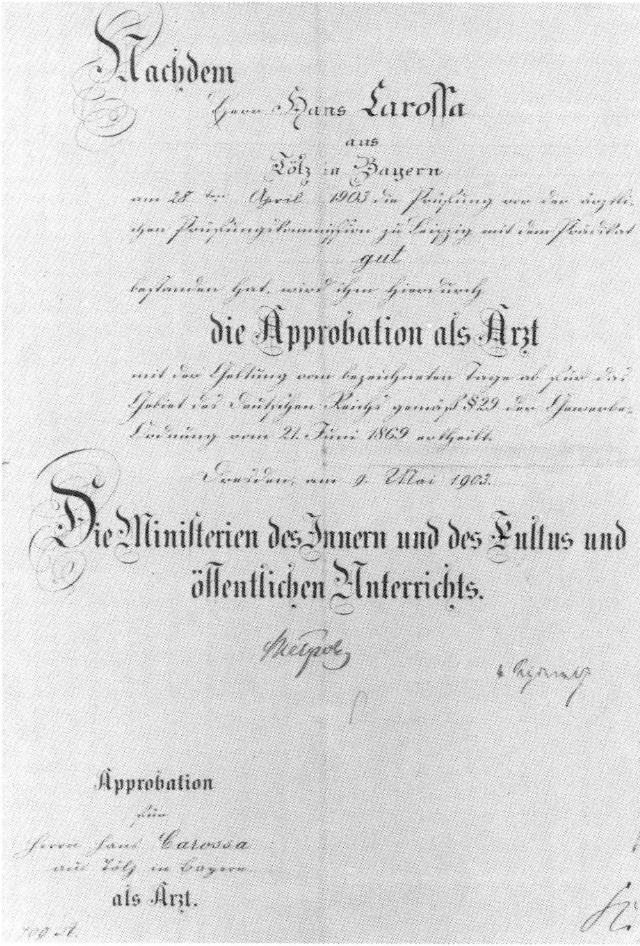
Nachdem
Herrn Hans Carossa
aus
Tölz in Bayern
am 28ten April 1903 die Prüfung vor der ärztlichen Prüfungskommission zu Leipzig mit dem Prädikat
gut
bestanden hat, wird ihm hierdurch
die Approbation als Arzt
mit der Geltung vom bezeichneten Tage ab für das Gebiet des Deutschen Reichs gemäß § 29 der Gewerbe-Ordnung vom 21. Juni 1869 ertheilt.
Dresden, am 9. Mai 1903.
Die Ministerien des Innern und des Kultus und öffentlichen Unterrichts.

Approbation
für
Herrn Hans Carossa
aus Tölz in Bayern
als Arzt.

Approbationsurkunde von Hans Carossa.

insel taschenbuch 1137

Hans Carossa

Der Tag des jungen Arztes

Der Tag des jungen Arztes

LEIPZIGER STUDENTENZEIT

In manchem Jugendleben gibt es ein paar Jahre, wo wir gleichsam ein Puppenstadium durchlaufen und nur ungefähr unserer künftigen Gestalt ähnlich sind. Wir wechseln dann gerne den Wohnort, vergraben uns in großen Städten, wo uns niemand kennt, vielleicht um ungestört jenem endgültigen Ziel der Entwicklung näherzukommen, das die Zoologen Imago nennen. Daß dies ohne klares Bewußtsein geschieht, bedarf keiner Erwähnung.

Im Münchener Hofgarten traf ich zuweilen einen recht unterhaltlichen Mediziner, der in seinem zweiundvierzigsten Jahre noch immer nicht dazu gekommen war, sein Examen abzulegen oder gar den Doktortitel zu erwerben. Die lange Kette seiner Mißerfolge erklärte er sich leider nicht durch irgendein eigenes Versagen, sondern schob alle Schuld dem wunderschönen München zu, wo er sich doch sehr wohl befand. Hier sei kein Arbeitsklima, behauptete er, und rühmte dagegen Leipzig als eine Stadt des großen Fleißes, wo es keinem Studenten einfiele, während der Faschingszeit Vorlesungen zu schwänzen, wo man überdies wahrhaft spottbillig lebe, für das zum Mittagessen verzehrte Brot überhaupt nichts bezahle und von Grund aus ein anderer Mensch würde. »Mein Leipzig lob ich mir«, seufzte er dann mit pathetischer Klage, schien aber sonst vom Dichter des Faust nicht viel zu wissen und erklärte nur, wenn ich auf ihn die Rede brachte, mit einem Zungenschnalzen der Bewunderung: »Herrgott, war das ein Lebemann!« Mir selbst war der deutsche Norden als die Heimat schöpferischer Geister stets überaus anziehend gewesen, und von München oder Landshut aus betrachtet, konnte man ja wirklich auch Frankfurt und Weimar als nördliche Städte empfinden. Mein Vater, der Verehrer Bismarcks und Friedrichs des Großen, hatte gegen einige Leipziger Semester nichts einzuwenden; die Mutter begriff es zwar nicht recht, wie man Sachsen gegen Bayern eintauschen mochte, fügte sich jedoch der väterlichen Meinung, ein Wechsel der Universität habe noch keinem geschadet, und so kehrte ich denn im Herbst 1900 nicht zu dem kleinen Kreis der Freunde und unter die Hütung der guten alten Despotin Maria nach München zurück, sondern fuhr über Hof und Plauen nach Leipzig und mietete nahe dem Bayerischen Bahnhof ein Zimmerchen bei einem sogenannten Markthelfer in der Sophienstraße.

Wir wissen es, daß der Puppenstand unserer großen heimischen Käfer durch unvollkommene Gestalt und Mangel an Farbe gekennzeichnet ist, was wohl mit ihrem Wohnen in dunkler Verborgenheit zusammenhängt, und wenn ich den Vergleich beibehalten will, so wäre anzuführen, daß der Körper in jenen Jahren vermutlich nur mit seinem rohen Wachstum beschäftigt war, ohne sich mit der Ausformung bestimmter feiner Züge aufzuhalten. Hätte mich damals ein Forscher beobachtet und wie in graphischen Aufzeichnungen die Stadien meiner Entwicklung verfolgt, so wäre ihm wohl ein schwer deutbares, keineswegs erfreuliches Bild erschienen, vergleichbar vielleicht mit einer gewissen Entwicklungsphase niedriger Tiere, die man ein wenig fürchtet und lieber nicht am Leben läßt.

Niemand hätte mir damals geglaubt, daß ich einst auf dem Gymnasium der beste Läufer und Springer meines Kurses gewesen war. Eine unüberwindliche Benommenheit und Müdigkeit lag auf den Nerven, und die Gedanken hatten etwas Gleichgültiges, dennoch Ängstliches. Als ich mich einmal fragte, ob nicht in meinem Blut jene perniziöse Anämie verborgen sein könnte, die meinem jüngsten Schwesterchen das Leben gekostet hatte, da regte mich auch diese Möglichkeit nicht sonderlich auf. Das Mädchen war drei Jahre nach mir zur Welt gekommen, hatte früh gehen und sprechen gelernt und ein gesundes Wachstum erwarten lassen, im vierten Jahr jedoch allmählich die Freude an Spielsachen, Blumen, hübschen Kleidern und Lieblingsgerichten verloren, auch das Gehen, das Lachen und sogar das Weinen verlernt. Auf einmal stand mir wieder das arme hinwelkende Kind vor Augen, wie die Mutter ihm sein neues Mäntelchen angezogen, ihm die bleiche Stirn mit geweihtem Wasser besprengt und wie der Vater mit seinen zwei starken braunen Pferden Mutter und Töchterchen in seiner Doktorkalesche zum Kadinger Bahnhof gebracht hatte. Die Reise ging nach München zum Geheimrat Heinrich von Ranke, einem berühmten Kinderarzt, der, wie man mir erst später anvertraute, so gut wie keine Hoffnung ließ, und nun fiel mir auch der Spätsommernachmittag wieder ein, an dem der Vater das rasch atmende Kind der übermüdeten Mutter aus dem Arm nahm und von Zimmer zu Zimmer trug, bis ich zum ersten Mal mit Augen sah, wie das Leben den Leib verließ: ein Augenblick verwandelte das wachsbleiche Gesichtchen von der Stirne her in weißen Marmor, die Arme sanken; Körper und Haupt, an denen äußerlich nichts zerstört schien, ließen sich mit ganzer Todesschwere nach unten fallen.

Diese Szene eines fast feierlichen Sterbens kehrte nun öfters in die Erinnerung zurück, besonders wenn ich zur Mittagszeit in den Anlagen hinter dem Theater saß, wo auf dunklem Wasser die schwarzen australischen Schwäne glitten und mit ihren blutroten Schnäbeln Brotstücke aus den Händen der Schulkinder nahmen. Gedanken und Halbgedanken zogen durchs Gefühl, und manchmal wollte es mir vorkommen, als wäre eigentlich seit dem frühesten Erwachen des Bewußtseins immer ein unerklärlicher Schatten auf mir gelegen, oder ich dachte auch an Lessings berühmte Abhandlung ›Wie die Alten den Tod gebildet‹. Sie war in einer der letzten Klassen des Landshuter humanistischen Gymnasiums unser Lesestoff gewesen, und der beigegebene Kupferstich, der den Genius mit der umgekehrten Fackel zeigte, lebte zuweilen so stark in meiner Phantasie, daß alle Freudigkeit der Jugend zurückzukehren schien. Ja, es war, als wollte mir die sterbende kleine

Schwester den griechischen Traum bestätigen, der Tod und Schlaf als zum Verwechseln ähnliche Geschwister bildet, Menächmen, wie sie Goethe nach einer Komödie des Plautus nennt.

Die Mutter las meine spärlichen Briefe zu aufmerksam, um nicht auf irgendwelche Störungen zu schließen, und eines Morgens kam, vom Vater gesandt, eine große wohlverpackte Schachtel, gefüllt mit stanniolumhüllten Pralinen, die den eisenhaltigen Farbstoff der roten Blutkörperchen, das Hämoglobin, enthielten und mit Schokolade überzogen waren. Dabei lag eine Vorschrift, pünktlich jeden Tag dreimal eine von diesen Pastillen im Munde zergehen zu lassen und nach vier Wochen ehrlich über mein Befinden zu berichten. Die Mutter hatte ein Zettelchen beigelegt, das einen Besuch des Vaters in Aussicht stellte, falls ich es nicht vorzöge, Weihnachten daheim zu verbringen.

Wie aber bleichsüchtige Mädchen mit Vorliebe scharfen Essig trinken, der sie noch kränker macht, so ließ ich mich immer wieder zu schädlichen Genüssen verführen. Ein älterer Tischgenosse von Ulrichs Bierpalast, meinem täglichen Stammlokal, beredete einmal mein krankes Aussehen; ich gab jedoch nur zu, meine Nerven wären wohl etwas angegriffen, sonst aber fehle mir nichts, und empfing von ihm die freundliche Belehrung, es gebe für die Gesundheit nichts Zuträglicheres, als jeden Abend einen halben Liter echtes dunkles Kulmbacher Bier zu trinken, dessen Malz- und Eisengehalt blutkräftigend wäre und außerdem einen tiefen ruhigen Schlaf hervorbringe. Er empfahl mir eine Gaststube in der Grimmaischen Straße, wozu ein Student, der am selben Tische saß, verdächtig schmunzelnd bemerkte, das Bier möge gut, vielleicht auch heilsam sein, er persönlich aber fühle sich nicht wohl in diesen Witwenkneipen und ziehe die von Männern besuchten Gosenlokale vor, wozu der andere gutmütig meinte, ihm schmecke nun einmal die Gose nicht, die Witwen aber täten keinem was zuleide, man müßte ja nicht mit jeder gleich nach Hause gehen. Das dunkle, süßliche, fast schwarze Getränk, das lange seinen breiten gelben Schaum behielt, bewährte sich zunächst wirklich als Hypnotikum; ich schlief sehr bald nach dem Zubettgehen ein, erwachte aber nach vier, fünf Stunden und hing bis zur Morgenfrühe unerfreulichen Gedanken nach.

Der schmunzelnde Student schien übrigens von den Kulmbacher Bierstuben mehr zu wissen, als er aussprechen mochte: hier überwog das weibliche Geschlecht, und selten fand man einen Tisch, der nicht von Biertrinkerinnen, meist schweren Frauen mittleren Alters mit weichen ungeistigen Zügen, besetzt war; doch schon am dritten Abend nahm eine noch jugendliche Dame neben mir Platz, die sich nur ein kleines Glas helles Bier geben ließ. Unter ihrer deutlichen Bedrücktheit verbarg sich ein tiefer Kummer, und sichtlich war sie froh, daß ich mit ihr ein wenig von Alltagsdingen sprach. Als ich von einem Blumenmädchen einen kleinen Strauß für sie kaufte, machte diese Aufmerksamkeit sie so gesprächig, daß ich mich gleich fragte, ob das nicht ein Fehler gewesen war. Erst nach zwei Wochen kam sie wieder, sagte, wegen eines Anfalls von Gelenkschmerzen habe sie nicht ausgehen können, und bat mich beim Abschied, sie bis zur Sidonienstraße zu begleiten. Auf dem Weg vertraute sie mir an, sie habe für zwei Kinder zu sorgen: ihr Mann sei wegen einer unbedeutenden Sache angeklagt und zu einem Jahr Gefängnis verurteilt worden. Wenn ich sie recht verstand, hatte sich's um eine Unterschlagung oder dergleichen gehandelt. Ihre weiteren Reden wiesen mich sehr darauf hin, daß ich nicht mehr in München, sondern in einem durchaus andersgearteten Land lebte. Wenn sie für ihren Mann eintrat, ihn für schuldlos hielt und seine Kollegen, die ihn angeklagt hatten, für gewissenlose Kreaturen erklärte, nahm ich unbedenklich ihre Partei und widersprach ihr auch nicht, wenn sie von Behörden und Gerichten verächtlich sprach; aber ihre Verbitterung machte auch vor der herrschenden Dynastie nicht halt;

sie sagte den Wettinern alles erdenkliche Böse nach und nannte sie eine verkommene katholische Bande. Eine solche Verunglimpfung des Königshauses wäre in Bayern unmöglich gewesen, wo auch der überzeugteste Sozialdemokrat sich nicht berufen fühlte, die Wittelsbacher zu beschimpfen. Allmählich aber wurde aus ihrem Zorn ein dumpfes Grollen; auf einmal blieb sie stehen, ging wieder weiter, blieb noch einmal stehen, und als ich unter einer Laterne in ihr blasses Gesicht sah, aus dem abgemagerte Züge ältlich scharf hervortraten, konnte ich nicht mehr bezweifeln, daß ein sehr heftiger Schmerz an ihrem Verstummen und an ihrem Schrittverzögern schuld war. »Es ist mein alter Hexenschuß«, hauchte sie, wie man von einem Verhängnis redet, das einfach hingenommen werden muß, und blieb abermals, wie eine plötzlich Gelähmte, stehen. »Leider, Sie werden mich auslachen, bin ich ein wenig abergläubisch. Vielleicht hätte ich doch nicht über unser Königshaus losziehen sollen. Ach, wenn mein Mann begnadigt wird, nehme ich alles zurück«, sagte sie kleinlaut. Ich fragte mich einen Augenblick, ob das Ganze nicht Verstellung oder Übertreibung wäre; Aldines Nasenbluten fiel mir ein, ich ahnte eine Art Gesetzlichkeit, konnte mich jedoch von einer Ahnung nicht befreien, als wäre hier alles bedenklicher, gefährlicher. Sie schien meine Gedanken zu erraten, während sie weitergehend sich auf meinen Arm stützte. »Es tut mir leid für Sie, daß ich Ihnen lästig fallen muß; aber ich kann es nicht ändern, erschrecken Sie nicht! Sie müssen mit mir in meine Wohnung kommen und mir meine Schuhe ausziehen, aber leise, leise, daß die Kinder nicht aufwachen und weinen! Keine Bewegung tut so weh wie das Bücken; meinem ärgsten Feind wünsche ich keinen solchen Schmerz.« Vorsichtig führte sie mich über die Stiege in ein Zimmer, von dem ich nur noch weiß, daß Wände und Schränke mit Ansichtskarten bedeckt waren. Meine Lage war beschämend: die Zeit, da man stets wenigstens ein paar Aspirintabletten bei der Hand hatte, lag noch in ziemlicher Ferne; nun war ich Mediziner, und der

Markthelfer und seine Frau redeten mich sogar mit Herr Doktor an; aber der armen Frau hier in der Sidonienstraße vermochte ich nicht zu helfen. Schon das vorsichtigste Herunterziehen der Schuhe tat ihr sichtlich weh, und zwar nicht in den Sprunggelenken, sondern mitten in der Wirbelsäule. Sobald sie flach in ihrem Bette lag, wurde sie ruhiger und gab mir ziemlich gebieterisch Anleitungen: »Im Küchenschränkchen finden Sie eine große Flasche; darin ist Bilsenkrautöl, damit müssen Sie mich einreiben. Aber nur nicht zaghaft, lieber feste! Feste! Anfangs tut es noch weher; dann aber wird der ganze Körper warm, und der Schmerz läßt nach. Spüren tu ichs ja schon lange, aber noch nie so wie heut. Wenn das nicht *mehr* ist als ein Hexenschuß, will ich Fritze heißen. Mein Mann, wie lange werden sie ihn drinbehalten? Unter uns gesagt, ein bißchen liederlich ist er wohl; aber unehrenhafte Sachen, nein, die macht er nicht. Aber Ihnen fallen ja die Augen zu. Verschütten Sie nicht mein Bilsenkrautöl, es ist ziemlich teuer. Wollen Sie sich's nicht bequem machen? Der Schmerz wird schon erträglicher. Aber bitte, treten Sie leise auf! Die Kinder erwachen so leicht. Und wenn sie weinen, heul ich mit.«

Meine Wirtin, die Markthelfersgattin, wunderte sich nicht wenig, als ich erst morgens nach acht Uhr zum Frühstück erschien, gab sich jedoch mit meiner Erklärung, eine Frau sei sehr krank geworden und habe meine Hilfe in Anspruch genommen, zufrieden. Aus dem Bereich der Bierstuben siedelte ich übrigens nun bald in das Café Felsche über und vergaß die Frau aus der Sidonienstraße bald. Sie begegnete mir jedoch noch einmal an einem Sonntagnachmittag außerhalb der Stadt in den Anlagen des Rosentals. Sie schien mich nicht zu sehen; auf einen Stock gestützt, ging sie mit unsicheren Schritten neben einem ältlichen, etwas auffallend gekleideten Mann, vermutlich ihrem eigenen. Vielleicht hatte man ihm aus Rücksicht auf die Krankheit seiner Frau einen Teil seiner Strafe erlassen. Ein Knabe, zehnjährig, und zwei kleine Mädchen, alle drei sommersprossig und rothaarig, pflückten

Blümchen am Wegrand und hüpften vergnügt um die Eltern herum. Augenscheinlich ahnte die kleine Gruppe nicht, welch traurigen Eindruck sie mitten in dem Sonntagsgetriebe hinterließ. Und leider war es nicht das letzte Mal, daß ich der Frau aus der Sidonienstraße ansichtig werden sollte.

Es mußte mit meinem anämischen Zustand zusammenhängen, daß ich immer vieles wollte, wenig vollbrachte, überall suchte, nur selten dort, wo das Gesuchte zu finden war, und eine starke Abneigung empfand, fremde Menschen anzusprechen oder gar um Rat zu fragen.

Über Frauenkrankheiten und Geburtshilfe las um die Jahrhundertwende in Leipzig Paul Zweifel, ein wahrhaft glänzender Lehrer, bei dem ich später auch promovierte. Zur Zeit meiner Ankunft hatte ich noch keine klare Vorstellung von seinen außerordentlichen Verdiensten, und als ich flüchtig und sehr zerstreut die Verzeichnisse der sämtlichen Vorlesungen durchsah, entschloß ich mich aufs Geratewohl, ein Privatissimum des Geheimrats Hennig zu belegen, ohne zu ahnen, daß er steinalt, längst emeritiert und außerdem zu einem höchst verschrobenen Sonderling geworden war. Ich suchte lange nach dem Gebäude, in dessen Erdgeschoß er seine Vorlesungen halten wollte, und als ich es endlich fand, lag es außerhalb des Medizinerviertels, ein bescheidenes Haus, in welchem auch eine Kleinkinderbewahranstalt untergebracht war. Eine evangelische Schwester von ungemein langer Statur mit verschlossenem gelblich-dunklem Gesicht und brennend schwarzen Augen führte mich in das Zimmer, wo die Liste zum Einzeichnen auflag. Sie mußte aber Tinte, Feder und den sogenannten Inskriptionsbogen erst suchen. Dieser war vorderhand leer, und als ich eine Woche später zum Beginn der Vorlesungen erschien, stand mein Name noch immer als einziger auf der Liste. Zugleich bemerkte ich, daß dieses Kolleg nicht nur privatissime, sondern auch gratis war, und diese Bekundung der Vornehmheit schüchterte mich ein wenig ein.

Ich fragte die Schwester nach dem Hörsaal, da glitt ein Lächeln um ihre Mundwinkel, und sie antwortete mit abgewendetem Blick, der Herr Geheimrat lese meistens hier im Zimmer. Die Einrichtung war dürftig; an den kahlen Wänden hingen außer einem Kruzifix nur die Bilder des Königs von Sachsen und des Deutschen Kaisers; in einer Ecke aber stand ein sogenanntes Phantom, das mir schon von München her bekannt war: es ahmte ungefähr einen weiblichen Unterleib nach und war zum Erlernen und Üben operativer Eingriffe bestimmt. Von den Studenten wurde es einfach die Lederhure genannt, eine Bezeichnung, mit der man es durchaus nicht beleidigen wollte.

Indem ich überlegte, ob es nicht am Ende doch vernünftig wäre, meinen Namen auszustreichen und das Weite zu suchen, hörte ich draußen reden, und eine alte Stimme fragte nach kräftigem Räuspern: »Ist er da?«, worauf ein frauliches Organ erwiderte: »Gewiß, Herr Geheimrat, der Herr ist soeben angekommen.« Und nun trat ein eisgrauer, aber noch rüstiger Greis herein: »Ich bin Geheimrat Hennig«, lachte mich mit blauen Kinderaugen an, fragte nach der Herkunft meines Namens, schwärmte von einer italienischen Reise seiner Jugendzeit und drückte mir wie einem längst Erwarteten, bestens Empfohlenen, die Hand. Mantel und Pelzmütze legte er auf das Phantom, lud mich ein, auf einem Stuhl Platz zu nehmen, und begann sogleich, ohne weiter nach persönlichen Verhältnissen zu fragen, einen lebhaften Vortrag über Placenta praevia und die bedenklichen Folgen, die eine solche Verwicklung herbeiführen konnte, sprach von Verblutungsgefahr, Luftembolie, Fehlgeburten und dergleichen. Ich bemühte mich ehrlich, alles zu verstehen; aber seine Darlegungen waren für hohe Semester bestimmt, keineswegs für einen Neuling, der eben zur Not sein Physikum bestanden hatte, und so blieb das meiste im äußeren Gehörgang liegen.

Eines Tages kam ein zweiter Hörer, ›bejahrt und noch Student‹, in würdevollem Gehrock, hörte, die Hände in den Hosentaschen, den Vortrag an, ging fort, ohne sich eingeschrieben zu haben, und kam nie wieder. Für mich aber hatte der alte Professor, der sich redend verjüngte, überglücklich, seine Wissensfülle verschwenden zu dürfen, etwas höchst Anheimelndes. Einmal schob er seine Pelzmütze in das Phantom, erklärte sie als Placenta und forderte mich auf, ihre Lage genau festzustellen. Ein andermal rief er die Schwester herein und befahl ihr, eine Kartoffel zu bringen, die ich dann im Phantom als eine Muskelgeschwulst, Myom genannt, diagnostizieren sollte. In seinem Eifer wartete er keine Antwort ab, sondern gab sie immer gleich selbst; so kam es zu keiner Verlegenheit.

Es war November, die Stube schon gut geheizt; ich sah zu dem Vorgärtchen hinaus, wo man den zahlreichen Knospen der hohen Rosenstöcke anmerkte, daß ihnen die Kraft fehlte, sich jemals zu entfalten; dafür behielten wilde Triebe, gefärbt fast wie die Rosen selbst, ihr achatenes Rot, und ein mächtiger Ahorn ließ gelbe Blätter auf sie niederfallen.

Daß diese Kollegienbesuche für mich wenig Sinn hatten, sah ich ein; aber den alten Emeritus, dem ich ein ganzes Auditorium ersetzen mußte, durch mein Fernbleiben zu kränken, hätte ich nicht über das Herz gebracht. Außerdem roch der kleine Raum auf eine heimweherregende Weise nach der gleichen sandigen Teerseife, die mein Vater in seinem Arbeitszimmer zu gebrauchen pflegte; und wenn ich je noch Fluchtgedanken hegte, so brachte mich die lange evangelische Schwester davon ab, die mich eines Morgens mit freundlich beschwörender Anrede festhielt: »Sie wissen es vielleicht gar nicht, wie sehr sich unser guter Herr Geheimrat über Ihre regelmäßigen Besuche freut. Ach, er hat seit vielen Jahren keinen Hörer mehr gehabt; auch sonst ist er einsam, die Gattin tot, die Kinder verheiratet, Ihr Ausbleiben würde ihn schwer enttäuschen. Und wenn Sie schließlich auch noch nicht alles und jedes verstehen, ein bißchen was bleibt doch immer hängen. Es ist ja wahr, er liest nicht mehr in den großen Hörsälen wie Zweifel und Trendelenburg; dafür kann er Ihnen manches sagen, was Sie dort vielleicht nicht hören würden, und wenn Sie nach Jahr und Tag einmal in Leipzig promovieren sollten, oh, da hätte er auch immer noch ein Wörtchen mitzureden.«

Gewiß kam ich wieder, und unter den vielen unnützen Wegen, die ich im Leben gegangen bin, sind wenige, an die ich so gerne zurückdenke. Noch sehe ich den Achtzigjährigen, wie er im strengsten Winter, einen grauwollenen Schal um den Hals geschlungen und die ehrwürdige verwandlungsfähige Pelzmütze weit über die mächtige Stirn hereingeschoben, durch Schneegewirbel von seiner Privatwohnung hereinstapfte, jedesmal froh, mich anzutreffen. Dank einer glücklichen Blickverschiebung hält der junge Mensch die Dauer des Lebens für unbegrenzt, und ruhigen Gewissens versäumte ich manches wichtige Kolleg, um wöchentlich dreimal früh um acht Uhr jenes nur halbverständliche Privatissimum besuchen zu können.

Wenn dieser Morgengang mir nach und nach zu einer angenehmen Gewohnheit wurde, so hatte es freilich noch einen anderen Grund. Auf dem Wege lag nämlich eine kleine Buchhandlung, in der ich einmal einen anatomischen Atlas kaufen wollte. Im Laden stand hinter dem Pult ein kleiner, verwachsener Mann, der mich an meinen Freund Hugo erinnerte, nur daß er sehr viel älter war. Er bedauerte, keine medizinischen Bücher zu führen, und verwies mich an eine andere Buchhandlung, duldete jedoch, daß ich mich in seinem Geschäft ein wenig umsah, und lächelte gewährend, wenn ich dann und wann einen Band in die Hand nahm und las. Vermutlich war er sparsam; er trug täglich die nämliche fertige Halsbinde von braunem Leder, eine Art Dauerkrawatte, die er nie wechselte, jedenfalls nicht an Werktagen. Sein Lieblingsgebiet war das moderne schöngeistige Schrifttum, das er Belletristik nannte; doch zog er den Begriff ›modern‹ sehr weit, und in seinen Fächern standen Geibel, Heyse, Storm und Bodenstedt friedlich neben Bierbaum, Dehmel, Falke und Liliencron. Unter den neuen Zeitschriften aber lagen einzelne Hefte, stark wie Bücher, doch ungebunden, durch ihre Ausstattung von allen anderen Veröffentlichungen unterschieden. Bänder wie Notenlinien überliefen wellenartig den Umschlag, und auf den Wellen, in nicht ganz geschlossenen Ringen, sah man viele farbige Segelschiffchen in voller Fahrt. Betitelt war jedes Heft: ›Die Insel, herausgegeben von Otto Julius Bierbaum, Alfred Walter Heymel und Rudolf Alexander Schröder‹. Verse wie Prosa waren in klarer Antiqua auf schönes, kräftiges Büttenpapier gedruckt, und wie aus verlorener Heimat grüßten die Namen der Dichter, die mir in München durch den unersetzlichen Prometheus lieb geworden waren: Liliencron, Dehmel, Strindberg, Bierbaum, Falke. In welchem Ansehen sie bei uns jungen Leuten standen, war mir vor kurzem noch bewußt geworden, als Bierbaum im Münchener akademisch-dramatischen Verein beim Vorlesen einer seiner eigenen erotischen Dichtungen so stark lachen mußte, daß er ziemlich lang nicht weitersprechen konnte. Vor lauter Respekt erlaubte sich keiner von uns mitzulachen, was für ihn etwas peinlich gewesen sein mag.

Als bedeutende Namen leuchteten in der ›Insel‹ Maeterlinck, Schröder, Hofmannsthal und Wedekind auf, und von diesem las ich zunächst nur den ›Prolog zum Erdgeist‹, der mich durch seine Verherrlichung der Zirkuswelt, aber auch durch seine höfliche Verhöhnung des bürgerlichen Publikums verwirrte und beglückte. In der geheimnisvollen kleinen Erzählung ›Mine-Haha‹ sah ich es den ersten Seiten an, daß ich sie später, ganz und ohne einen Satz auszulassen, lesen würde; vorerst fand ich dazu keine Zeit. Mächtiger als andere Dichter der Zeit wühlte Dehmel durch die glanzvollen triumphierenden Rhythmen seines Romans in Romanzen den jungen Menschen auf, der vom Leben wenig wußte und gern bereit war, die eigenen Schicksale, besonders die vom Dämon Eros über ihn verhängten, zu Weltereignissen hinaufzusteigern. Wenn ich also noch bewundernd fortfuhr, mich in Dehmels Art und Sprache zu versuchen, ja seine Gedichte gewissermaßen nachzuerleben, so mochte sich doch zuweilen eine Ahnung regen, daß es für mich auf diesem Wege kein Weiter gab, ja daß ich einen sehr viel bescheideneren und nüchterneren Ton würde anschlagen müssen, wenn der eigene Keim, der sich möglicherweise traumhaft in mir verbarg, zur Entwicklung kommen sollte.

Der freundliche Buchhändler, der mir bei jedem Besuch gewogener wurde, schien mit dem Absatz der neuen schönen Zeitschrift nicht so recht zufrieden. Er machte auch kein Hehl daraus, daß er sie eigentlich nur für eine kostbare Merkwürdigkeit hielt, und da ihm nicht entgangen war, daß mir unendlich viel an dem Besitz der Hefte lag, überließ er sie mir freiwillig für die Hälfte des Preises, der unter dem Titel angegeben war. Außer von Goethes Werken, zu denen ich immer wieder zurückkehrte, habe ich in meinen Leipziger Jahren auch wirklich einen großen Teil meiner Kenntnis des neuen Schrifttums von den Beiträgen der ›Insel‹ gewonnen.

Die monologischen Vorlesungen des alten Hennig hatten einen falschen Begriff vom Leipziger klinischen Betrieb in mir entstehen lassen. Wie es hier in Wahrheit zuging, enthüllte sich erst, als ich die Institute der großen klinischen Lehrer mit regelmäßigem Fleiß besuchte. Von ihnen weilt heute keiner mehr unter uns. Lasse ich jedoch in der Erinnerung ihren ehrwürdigen Schattenzug an mir vorübergehen, so grüße ich stets als einen der liebenswertesten den Professor Paul Leopold Friedrich, leitenden Arzt der chirurgischen Poliklinik, der uns zuweilen auch mit internen Fällen bekannt machte. In seinen lebhaften Vorträgen wußte er uns das Eigentümliche, das nicht auf den ersten Blick Erkennbare einer Erkrankung so sichtbar zu machen, daß wir dabei fast mehr noch vom gesunden Menschen erfuhren; so schien er mir manchmal dem Künstler verwandt, ein Eindruck, den ich sonst nur manchmal von Zweifel oder Curschmann empfing. Gewaltig war der Andrang zu Friedrichs Unterricht, und wer sich einen guten Platz zu sichern wünschte, mußte früh zur Stelle sein.

Im allgemeinen war der Ton in Leipzigs Kliniken ernster, ungemütlicher als in München; das leichtfertige Versäumen von Vorlesungen genoß wenig Ansehen, und auch zur Faschingszeit entstanden im Auditorium keine merkbaren Lükken. Auch will mir die Erinnerung vorspiegeln, in München wären alle Krankheiten milder, harmloser, wie unter einer leichten Narkose verlaufen, auch wenn sie schließlich doch zum Tode führten. Gewisse Fälle waren mir wirklich früher nie zu Gesicht gekommen.

Eine sehr elend aussehende Frau von fünfzig Jahren wurde nach einem erklärenden Vortrag Curschmanns in ihrem Bett behutsam hereingerollt; vor Schwäche konnte sie nicht einmal ihr Hemd ohne Hilfe der Schwester herabziehen. Durch die fast welke Haut schimmerten aus der Tiefe der Gewebe wie regellos in einem Teig verteilte Tollkirschen schwarze kugelige Knoten. Curschmann ließ das arme Weib gleich wieder in die ruhige Halbnacht ihres Zimmers zurückbringen, beschrieb uns aber noch kurz, doch anschaulich Entstehung und Entwicklung dieser zum Glück sehr seltenen Melanosarkome. Sobald er jedoch das Kapitel von der Behandlung erörterte, endeten seine klaren, geistreichen Ausführungen mit einem fast verlegenen Eingeständnis völliger ärztlicher Ohnmacht.

Es war Mittwoch, also der Tag, an dem die Kranken Besuche empfingen, und am Nachmittag erreichte mich trotz allem noch ein tröstlich bewegender Eindruck, als ich bei einem zufälligen Gang durch das Erdgeschoß der Klinik Mitglieder der kleinen Familie in flüsternder Unterhaltung vor der Tür der kranken Frau beisammen fand. Es war keine Trauerversammlung, wie man zunächst annehmen konnte; aber ein Mann in grauem Arbeitsanzug wartete mit zwei Schulmädchen und einer erwachsenen Tochter, die vermutlich daheim die Mutter ersetzen mußte. Alle hatten saubere, frisch gebügelte Taschentücher, und ein großer Sohn hielt einen Strauß von lila Zwergastern in der Hand. Das kleinste Mädchen aber trug einen gestrickten roten Wichtel im Arm, den es wohl der Mutter zeigen wollte. Eine Pflegerin öffnete die Tür von innen; ich sah noch im Vorübereilen, wie die Kranke dem Kind mühsam entgegenlächelte; dann trat eines nach dem andern schüchtern in das Zimmer, von der Schwester freundlich-eindringlich ermahnt, sich kurz zu fassen.

Damals empfand ich es wie ein Verhängnis, daß ich voraussichtlich mein Leben lang nur mit kranken Menschen verkehren sollte. Doch aus den späteren Schriften Goethes, von dem ich mich seit meinen Gymnasiumsjahren nie ganz entfernt hatte, empfing ich zuweilen einen Wink, es könnte doch gut sein, wenn ich mich ab und zu mit Naturwissenschaften abgäbe, und beim Mittagstisch in Ulrichs Bierpalast lernte ich Herrn Schmied kennen, einen älteren Mann, der ungemein anregend von Physik und Chemie sprach und mich einlud, ihn zu besuchen. Er wohnte in der Sternwartenstraße und freute sich, einige junge Bekannte zu abendlichen Unterhaltungen zu versammeln, die er Kurse nannte und in denen man eine bescheidene Vorform der späteren Volkshochschule erkennen konnte. Er hatte von verschiedenen Fächern Kenntnisse, die freilich oberflächlich blieben, und besaß eine kleine Sammlung von Mineralien, die uns immerhin Begriffe gaben, was Erdquarze, Kristalle, Edelsteine und Halbedelsteine sind. Dabei wurde kräftig geraucht, so daß man an Friedrich Wilhelms des Ersten Tabakskollegium erinnert werden konnte, und die Zigarren, die jeder selbst mitbringen mußte, waren so ziemlich das einzige Honorar, das man Herrn Schmied für den Besuch seiner sogenannten Abendkurse entrichtete. –

Von einer Unzahl trauriger Fälle soll dieses Bilderbuch meiner Jugend nicht überschattet werden; doch wollen wir den schönen achtjährigen Knaben nicht vergessen, dessen Zustand vor unseren Augen die schlimmste Wendung nahm, um so tragischer anmutend, als das Heilmittel eigentlich schon gefunden war, nur leider zu spät. Er war mit breit verzogenem Mund hereingekommen, der schauerlich zu grinsen schien, und nun merkte man auch an verschiedenen Muskelgruppen eine Steifheit, wodurch der Kopf zurückgebogen, der Brustkorb aber gewaltsam nach vorn gedrängt war, so daß die untersuchende Hand leicht zwischen Rücken und Bett geschoben werden konnte.

Curschmann ließ uns nicht lange Rätsel raten, sondern erklärte uns das Krankheitsbild als einen schwersten Fall von Wundstarrkrampf. Wir erfuhren, daß Erde der Gärten und der Weinberge besonders häufig den Erreger dieser grausamen Krankheit enthält, daß auch das rettende Heilserum wohl bereits erfunden und bei dem kleinen Jungen angewandt worden sei, doch nicht mehr früh genug, um das Verhängnis aufzuhalten. Die Forschung war auf gutem Weg, hatte jedoch erst vor kurzem erkannt, daß auch die kleinste, mit Erde, Mist oder Straßenstaub verunreinigte Wunde verdächtig war, daß mit dem Einflößen des Gegengiftes in die Blutbahn kein Tag, ja keine Stunde zugewartet werden durfte, ja daß diese Schutzmaßnahme zum Gesetz erhoben werden müßte, um den tödlichen Krampf aus Menschen- und Tierwelt für immer zu verbannen. Dem armen Kinde sollten die neuen Ergebnisse des wissenschaftlichen Fleißes nicht mehr zugute kommen; um die elfte Vormittagsstunde erlöste es der Tod. Wie so oft bei dieser Krankheit stieg jedoch bald nach dem Aufhören der Herztätigkeit die Körperwärme noch einmal bis zu Fieberhöhe. Am Nachmittag mischte ich mich unter die Ärzte der Klinik und betrachtete mit ihnen den wundersamen Vorgang, der für kurze Zeit eine Wiederkehr des Lebens vortäuscht. Endlich lag die Leiche, von Entstellung und Schmerzen befreit, in Frieden und Schönheit vor uns. Eltern und Geschwister waren gekommen, und niemand konnte die Tränen zurückhalten, als Professor Päßler, Curschmanns erster Mitarbeiter, tröstlich-ernst erklärte, wir dürften alle den Glauben mit auf den Heimweg nehmen, dieses Opfer der fürchterlichen Krankheit wäre dank der unermüdlichen Arbeit forschender Geister voraussichtlich eines der allerletzten gewesen.

DIE ERSTE STUDENTIN

An einem der folgenden Tage war im Auditorium eine verhaltene Unruhe bemerkbar, und immer wieder wendeten sich Blicke zur obersten Reihe, wo ein untersetztes junges Mädchen in dunkelblauem Kostüm mit hellblondem gescheiteltem Haar mitten unter den männlichen Hörern saß und eifrig in ihr schwarzes Kollegheft schrieb oder zeichnete. Flüsterstimmen belehrten mich, daß diese Dame die erste Studentin war, welche die medizinische Fakultät der Universität Leipzig zum Studium zuließ. Später lernte ich sie kennen: Fräulein Freytag war eine Rheinländerin und stammte aus einer alten Bonner Familie. Sie wandte kein Auge von dem Vortragenden, und wenn die männliche Studentenschaft eine scherzhafte Bemerkung von ihm zum Anlaß nahm, um herzlich zu lachen, sah man über ihr Gesicht nur ein stilles Lächeln gleiten, das ihr viel Anmut verlieh. Bayern erlaubte erst zwei Jahre später den Frauen das Universitätsstudium; also war mir München diese neue Erscheinung noch schuldig geblieben.

Nach der Reihenfolge, wie sie in die Listen eingetragen waren, wurde jeder Studierende von Zeit zu Zeit einmal zum sogenannten Praktizieren aufgerufen. Es war nicht viel, was der Professor dem Prüfling zumutete; er konnte ja eigentlich noch nichts voraussetzen und wollte weniger unser Wissen, mit dem es noch nicht weit her sein konnte, als unsere Beobachtungsgabe ermitteln. Der Anfänger hatte den Kranken, der vorgestellt wurde, genau anzusehen, zu sagen, was ihm an ihm auffiel, ihn nach seinen Beschwerden zu fragen, Puls und Reflexe zu prüfen und ein paar leichte Frage zu beantworten.

Es kam vor, daß ausländische Studenten sich die Diagnose von einem Diener der Klinik gegen ein gutes Trinkgeld vorher sagen ließen und zum Beispiel auf die Frage des Professors: »Was fällt Ihnen an dem Patienten vor allem auf?« prompt antworteten: »Mitralstenose, Herr Geheimrat«, was natürlich ein schallendes Gelächter entfesselte.

Eines Tages war Fräulein Freytag Praktikantin, und gleich legte sich eine tiefe Stille über die rings aufsteigenden Sitzreihen des Hörsaals. Mit einer Spannung, die keineswegs durchaus wohlwollend war, verfolgte die männliche Hörerschaft den Verlauf des kleinen Examens, zu dem ich der bescheidenen Kollegin alle guten Schutzgeister herbeiwünschte. Denn im stillen stand ich fest auf ihrer Seite und empfand ungefähr das nämliche für sie wie einst für Eva, die treue Freundin meiner Kindheit, der unsere Kadinger Bubenpartei die weißblaue Preisfahne nicht gönnen und das Mitlaufen beim Wettrennen verbieten wollte. Aber nun siegte das damals noch so klare deutsche Rechtsgefühl, und als niemand mehr zweifeln konnte, daß die unscheinbare Blonde aus dem Rheinland durch ihr genaues Bemerken und Bezeichnen den anderen Praktikanten mindestens ebenbürtig war, da verschwand manches geringschätzige Lächeln und machte einer achtungsvollen Miene Platz. Sie konnte so wenig wie wir übrigens wissen, daß eine Leberschrumpfung vor ihr lag; aber sie betrachtete den graugelben wassersüchtigen Mann zwar mit aller Ehrerbietung, die man einem vom Unglück Gezeichneten schuldet, doch zugleich mit einer Art von kritischem Künstlerblick, als hätte sie einen alten absterbenden Baum zu zeichnen. Curschmann, dem es vor allem um den unbefangenen Gesamteindruck zu tun war, hörte aufmerksam ihre zweifelnd vorgebrachten, aber meistens richtigen Antworten und gönnte ihr am Ende sogar eine kleine Anerkennung, die ihr heftige Rötewellen in die Wangen trieb.

Im nächsten Semester stellten sich weitere Hörerinnen ein, die freilich nicht mehr ganz den starken Eindruck hinterließen wie Fräulein Freytag. Alle diese Mädchen fühlten sich jedoch gleichsam als Erstlinge eines neuen Standes, zeichneten sich aus durch nüchternen Fleiß und Gewissenhaftigkeit, besonders in praktischen Übungen wie etwa in der Herstellung von Präparaten. Winternachmittage lang saßen sie in den überheizten, von Kanada-Balsam und Nelkenöl durchdufteten Sälen der Institute vor den Mikroskopen und ernteten immer wieder das Lob der Lehrer für die Gesammeltheit, womit sie ihre Studien betrieben. Sie verzichteten ja auch auf alle Nebendinge, durch die sich ihre männlichen Kommilitonen gerne zerstreuen ließen wie Trinkereien, Tabakrauchen, Mensuren, Kommerse. Man begegnete ihnen kaum jemals in einem Vergnügungslokal, höchstens in einem Vortrag oder in einem Symphoniekonzert des Gewandhauses.

Es muß in einem meiner spätesten Leipziger Semester gewesen sein, jedenfalls nahe dem Approbationsexamen, daß uns Professor Friedrich eine sehr seltene Krankheit vor Augen führte, zu deren Beobachtung er keinen Praktikanten aufrief, weil er es wohl für ersprießlicher hielt, einen freien Vortrag zu halten, den er sich nicht gerne durch unzulängliche Fragen und Antworten zerstückeln ließ. Eine Frau kam in den Hörsaal, von zwei Wärterinnen geführt, mit müdem, humpelndem, fast watschelndem Gang; ihr Alter war unbestimmbar, bis mir auf einmal ihr Gesicht gerade gegenüberstand, da erkannte ich sie: es war meine Kulmbacher Bierstubenfreundin aus der Sidonienstraße, freilich nur ein Schatten ihrer früheren Gestalt, die nicht ohne Anmut gewesen war. Die verhältnismäßig kurze Zeit hatte sie stark verändert, sie auch ihrer meisten Zähne beraubt. Ihre Kleidung ließ an Fasching denken; denn ihr hochroter Hut war eigentlich nur eine filzene Mütze mit zackig ausgeschnittenem Rand und einem goldenen Knopf auf dem Scheitel; darunter verbarg sich noch dichtes, ganz weißes, aber glanzloses Haar. Auch ihr Gesicht erinnerte an frühere Schönheit; aber von der Zukunft war für sie kaum etwas zu erhoffen. Als nämlich Professor Friedrich in seiner sachlich anteilnehmenden Art näher auf ihr Leiden einging, ohne es beim Namen zu nennen, war es mir eine Art Genugtuung, daß ich unter den vielen Zuhörern vielleicht der einzige war, der viel von der seltenen Krankheit wußte; doch kein klinischer Unterricht hatte mich über sie belehrt, sondern eine vor kurzem gelesene Lebensbeschreibung des Dichters Friedrich Hebbel, der 1863 an der nämlichen Entwicklungsstörung gestorben war, kaum älter als fünfzig Jahre. Sie heißt heute wie damals Osteomalazie, befällt häufiger Frauen als Männer, beginnt bei Frauen meistens während einer Schwangerschaft, und zwar mit unbestimmten Schmerzen in Kreuz und Genick. Als Ursache bezeichnete Friedrich das Verschwinden des Kalks aus den Knochen; doch scheint es zu den Eigenheiten des Leidens zu gehören, daß Gesichts- und Schädelknochen verschont bleiben, während ein großer Teil des übrigen Skeletts der Entkalkung verfällt. Allmählich werden die Knochen wachsartig weich und so biegsam, daß man ihnen ganz unnatürliche Stellungen geben kann. Die Frau schien nicht zu merken, daß ihre Röcke viel zu lang, ihre Figur also kleiner geworden war. Ihr unruhiger Blick wanderte über die Reihe der Hörer hin und streifte dabei wohl auch mein Gesicht; aber sie erkannte mich nicht, und ich mußte froh darum sein. Jener Abend, an dem sie auf dem Heimweg den Schmerzanfall erlitten und als eine völlig Hilflose mich in ihre Wohnung mitgenommen hatte, stand wieder mit allen Einzelheiten vor mir: die abergläubische Reue der Gequälten wegen ihrer Haßausbrüche gegen die Wettiner, ihre Mahnung, leise zu sein, damit die Kinder nicht erwachten, die Einreibung mit Bilsenkrautöl, der wirklich bald eine Linderung folgte, die gutmütige Kennzeichnung ihres Mannes, mein plötzliches Überwältigtsein vom Schlaf – ach, damals hatte vielleicht gerade die schreckliche Wendung ihres Leidens begonnen. Ich dachte an den Kalk, den Stoff, der durch riesige Schichten der Erdrinde verschwenderisch ausgeteilt ist – warum sollte er nur diesem einen armen Körper fehlen? Über gewisse Formen und Verkettungen der Geschicke darf man aber nicht grübeln; ich war jedenfalls entschlossen, wenn es mir auch grausam schien, mich diesem Fegefeuerbereich des irdischen Daseins nie wieder freiwillig zu nähern. Als die Kranke wieder aus dem Saal entfernt war, äußerte sich Friedrich über die Heilungsaussichten, und zwar nicht ganz hoffnungslos. Einst habe man viel von Kalkmedizinen erwartet, aber keinen sonderlichen Erfolg damit erzielt; gewisse heilkräftige Vitamine und Bestrahlungen waren noch unbekannt; doch teilte Friedrich mit, in seiner Poliklinik wende man seit einiger Zeit Lebertran und winzige Phosphordosen an, die freilich monate-, vielleicht auch jahrelang Tag für Tag verabreicht werden müßten. Er glaubte damit auf gutem Wege zu sein, und die Zukunft scheint ihm recht gegeben zu haben.

MINE-HAHA

Vom Vater war eine überraschende Verstärkung meines Monatsgeldes eingetroffen; ich eilte zu meinem Buchhändler, traf ihn spät am Abend, als er gerade sein Geschäft schließen wollte, und freute mich, die schönen Hefte der ›Insel‹ noch vollzählig beisammen zu finden. Der freundliche Mann war auch noch immer bereit, sie mir zu dem herabgesetzten Preis zu überlassen, und während er das mächtige Paket verschnürte, konnte er mir anvertrauen, die Zeitschrift werde vermutlich bald in kleinerem Format erscheinen und dann gewiß auch billiger werden, was ich zum Anlaß nahm, auch für die Zukunft mich als treuen Kunden anzumelden.

Am selben Abend las ich noch die zwei großen Elegien ›Fontainebleau‹ und ›Michelangelo‹ von Rudolf Alexander Schröder; wie zwei hohe Trauerbäume standen diese schwermütig-heroischen Gesänge gleichsam am Eingang zu der wundersamen Prosa ›Mine-Haha‹ von Wedekind, die mir ein höchst lebensvolles Bruchstück blieb, so daß die unerfahrene Phantasie noch jahrelang daran weiterspinnen konnte.

Ja, nach manchem traurigen Krankenhauseindruck mußte mich diese Erzählung beglücken, wo körperliche Gesundheit und Schönheit Voraussetzung für alles Geschehen ist.

Wie man uns berichtet, werden in dreißig Häusern, die über einen riesigen Park verstreut sind, Kinder und Halbwüchsige, anfangs Knaben und Mädchen, später nur noch Mädchen, beinah klösterlich erzogen. Es ist ein sehr strenges Leben, das von unbekannten Mächten gelenkt wird. Rätselhaft erscheint uns alles in diesem sonderbaren Gymnasium, wo Fleiß und Mühe nur der Vorbereitung für Tanz- und Musikaufführungen dienen. Auch die Herkunft der Zöglinge ist geheimnisvoll: eine längliche verschlossene Kiste wird auf einem Wagen vor eines der Häuser gefahren, einem Sarge nicht unähnlich; ein Name bezeichnet sie, und sobald sie geöffnet wird, steigt ein Mädchen heraus, mit dessen Erziehung die Lehrerinnen sogleich beginnen. Dieses Erscheinen gleicht einer Auferstehung: von früheren Schicksalen ist nirgends die Rede, und unausgesprochen herrscht in dem ganzen Buch die tiefste Verachtung alles bürgerlichen Daseins. Väter, Mütter, Geschwister und andere Verwandte werden gleichsam als nicht existierend behandelt, überhaupt spielen Elternhaus und Familie eine so geringfügige Rolle, daß der Eindruck entsteht, alle diese Mädchen, mögen sie Lora, Simba, Pamela oder Melusine heißen, seien entweder Waisenkinder oder durch Entführung unter die Vormundschaft der Anstalt gelangt. Sie wachsen, Kadetten ähnlich, auf in aller Unschuld, und Gesetze, die weit strenger sind als etwa jene, die in der Pädagogischen Provinz von Goethes Wanderjahren gelten, wachen darüber, daß keine der Schülerinnen über Welt und Leben aufgeklärt wird.

Die dreiundsechzigjährige Frau, der Wedekind diesen Lebensbericht in den Mund legt, hieß als junges Mädchen Hidalla; auch sie ist einst, in länglicher Kiste verschlossen, vor einem jener dreißig Häuser angekommen und zu Gelenkigkeit, Anstand, zuchtvoller Haltung und zu musikalischen Übungen herangebildet worden. Ausschließung des Häßlichen ist Hauptgebot, und sogar in der Schreibart der Erzählerin bewundern wir Geschmack und Nüchternheit; auf den sogenannten lyrischen Stil wie auf alles halbmystische Beiwerk wird verzichtet, ja mir schien die schlichte sachliche Sprache mit Büchern der Heilkunde verwandt: ›Zusammenhängend werden meine Erinnerungen erst von dem Tage an, wo ich zum ersten Mal Schuhe an den Füßen hatte, also mit Beginn meines vierten Jahres.‹ Mit Entzücken las ich solche Sätze, und sie schienen mir doppelt kostbar, weil Hidalla versichert, sie werde nur dieses eine Buch schreiben. ›Gertrud trat zu uns, mit einer feinen Weidenrute unter dem Arm. Sie war mit ihrem glatt anliegenden schwarzen Haar, ihren funkelnden Augen, ihrem schmalen Gesicht und ihren schlanken Fingern für mich, bis ich das Haus verließ, der Inbegriff von weiblicher Schönheit.‹ Die strenge Lehrerin war damit vollkommen gezeichnet, und jeder spätere Satz, der sich auf sie bezieht, ergänzt ihre Gestalt: ›Sie lächelte immer, auch wenn sie mit ihrer Weidenrute zuschlug; das geschah selten und nie ohne Grund, so etwa wenn beim Unterricht im Gehenlernen eines der Mädchen den Fuß zu rasch sinken lassen wollte. Auch wenn sich eines in den Hüften gehen ließ oder gar einknickte, bekam es einen Streich.‹

Hidalla fragt einmal die geliebte schöne Wera in aller Unschuld, ob sie nicht einmal nachts zu ihr herüberkommen wolle; aber das ungeheuchelte Entsetzen, das diese Zumutung in der andern hervorruft, ist so groß, daß ihr jeder Mut zu dergleichen Fragen vergeht. Jedes der dreißig Häuser unterhält nämlich zwei sehr alte, sehr häßliche Mägde, die nur zu gröbster Arbeit verwendet werden. Auf diese armen Sklavinnen weist die erschrockene Wera hin und erklärt der Freundin, die beiden verdankten ihr unseliges Geschick nur dem Umstand, daß eine von ihnen in der Jugend eine solche Frage gestellt, die andere aber ihr den gewünschten Nachtbesuch abgestattet habe. Sie müßten dafür ihr Leben lang arbeiten, seien nach und nach alte Hexen geworden und kämen nie mehr aus dem Park hinaus.

Dies war nun einer von den dunklen Punkten der Erzählung, der wie ein böses Märchen mein Gefühl empörte; ich versetzte mich leidenschaftlich in die armen Mägde hinein und sagte mir, daß mich an ihrer Stelle keine Macht der Welt von der Flucht zurückhalten oder sie mir vereiteln würde; ja den vielgeschmähten, vielverspotteten Schutzmann empfand ich auf einmal als ein gerechtes, humanes Wesen, zu dem sich der verfolgte Mensch in seiner Bedrängnis flüchten kann.

Das Mächtigste, das Unüberwindlichste in diesem Staate junger Amazonen ist und bleibt aber dennoch Eros, der göttlich Ewige, der hier unschuldig wie Elektrizität oder Atomgewalt, frei von jeder Absicht menschlicher Verführung, allenthalben Leiber und Seelen durchzittert. Als in Hidalla sich die Reife meldet, entstehen in ihren Sinnesorganen wunderliche Störungen, besonders im Gehör: das leiseste Geräusch, ja das bloße Summen einer Mücke im Zimmer oder das Geplätscher eines Brunnens vor dem Hause tost wie ein Sturm, und wenn sie den Kopf auf dem Kissen bewegt, dröhnt es wie fernes Donnergrollen. Als ein seligsinnliches Leiden aber erschien mir die Stunde im Park, wo das unerfahrene Kind auf einmal das Pferd wie ein menschliches Wesen empfindet, ja durch das übermächtige Hinterteil des Tieres an Gertrud, zugleich aber auch an den Knaben Morni erinnert wird, mit dem sie einst unter Gertruds Anleitung Springen und Laufen gelernt hat, wie ihr aber bei diesem Anblick die Sinne vergehen und sie müd nach Hause schleicht.

Weil jede körperliche Annäherung zwischen den Zöglingen bei strenger Strafe verboten ist, so empfängt der flüchtig-unschuldige Kuß, den Hidalla der kleinen Arabella auf die Lippen zu drücken wagt, eine tödliche Süße, und der Entschluß, dieser Zärtlichkeit keine zweite folgen zu lassen, sondern mit dem geflüsterten Wort ›Ich wollte dir nur gute Nacht sagen‹ gleich weiterzugehen, erscheint uns wie ein fast übermenschlicher Verzicht.

Im letzten Teil der Geschichte aber erfahren wir, daß die recht erheblichen Kosten für das Leben im Park und in seinen dreißig Häusern aus dem Ertrag von Varieté-Vorstellungen bestritten werden, die allabendlich im sogenannten ›Weißen Hause‹ stattfinden. Eine befremdende Wirklichkeit! Nach Jahren der Gefangenschaft und mühevollsten Übungen, nach unendlichen Askesen und Zurückweisungen wird ab und zu eines der begabtesten Mädchen geprüft, von fremden Damen wie von Ärztinnen untersucht und, wenn es Glück hat, für würdig befunden, in einer Schaubühne aufzutreten, die einem recht minderwertigen, übersättigten Publikum zur Unterhaltung dient, einem Publikum, das bei zweideutigen Szenen vor Vergnügen trampelt, wiehert, klatscht und Beifall brüllt. Höchst ernüchternd war diese Schilderung; in einem schlimmeren Gleichnis konnten Sinn und Unsinn unseres Zeitalters kaum aufgezeigt werden, – ein Glück für mich, daß ich das noch nicht ganz verstand. So verbrauchen in unserer Gegenwart große Meister der Atomphysik viele Jahre mit Grübeln, Forschen, Versuchen, Schlüsseziehen und gelangen zu bewundernswerten Ergebnissen, durch die vielleicht einmal ein verderblicher Krieg geführt werden kann, der wunderbare Kulturen vernichtet und keinen Menschen glücklich macht.

Von Hidalla erfahren wir nicht, wie weiterhin ihr Leben verlaufen ist. Aber gegen den Schluß ihrer Erzählung fällt ein Wort, ein sonderbares, geheimnisvolles, das ich unwillkürlich auf mich bezog, obgleich es mich unmöglich meinen konnte. Während sie eines Nachts vor dem Verlassen des Theaters in der Nähe einer Loge stehenbleibt, sagt im Dunkel eine unbekannte Stimme, bei deren Klang ihr Herz zu schlagen beginnt: Dir fehlt das Beste. Was die Stimme dem jungen Mädchen damit bedeuten wollte, bleibt Geheimnis. Als ich aber in der ›Insel‹ die Novelle ›Mine-Haha‹ zum ersten Male las, muß Hidalla bereits alt gewesen sein; vielleicht war sie auch schon gestorben. Ich dagegen stand in meinem zweiundzwanzigsten Jahr und hatte voraussichtlich noch manche Lebensepoche vor mir, wo mich der dämonische Zuruf der unbekannten Mahnerin bedeutsam treffen konnte.

AUSKLANG DER LEIPZIGER JAHRE

Zu den Persönlichkeiten, auf welche nicht nur unsere Fakultät, sondern die ganze Stadt Leipzig stolz war, gehörte der ältere Wilhelm His, der Anatom, ein in Basel geborener Schweizer. Ihn umgab für uns junge Studenten eine Sonderlingsaura; denn daß unter der Regierung Wilhelms des Zweiten ein Mann in hohen Ehren stand, der nicht nur jeden Orden, sondern sogar den persönlichen Adel zurückwies, überhaupt sich streng an die Gesetze seines demokratischen, zum Teil auch puritanischen Heimatlandes hielt, mußte uns verwunderlich vorkommen. Sein Ansehen erhöhte sich durch die Veröffentlichung eines Gutachtens, in welchem er über die wiederaufgefundenen Gebeine von Johann Sebastian Bach scharfsinnig Aufschluß gab. Diese denkwürdige Schrift, welcher zur Erläuterung der anatomischen Forschungsergebnisse auch Bilder des großen Tonmeisters beigegeben waren, hatte His dem Rat der Stadt Leipzig eingereicht; sie betitelte sich: Anatomische Forschung über Johann Sebastian Bachs Gebeine und Antlitz nebst Bemerkungen über dessen Bilder 1895. Durch ihre Gediegenheit und überzeugende Klarheit ist diese Arbeit berühmt geworden.

Daß ich mit einigen Tischgenossen aus Ulrichs Bierpalast an Samstagnachmittagen regelmäßig in die Thomaskirche ging, um dort die Motetten zu hören, in denen der Thomaner-Chor unter Leitung seines jeweiligen Kantors die Bachschen Choräle mit wunderbar geübten Stimmen sang, wurde mir nach und nach Bedürfnis. Es war das erste Mal, daß ich protestantische Kirchenmusik hörte, und ich dachte an das Landshuter Gymnasium zurück, wo ich selbst in Kantaten und Litaneien mitgesungen hatte. Die Urform aller katholischen Kirchengesänge ist aber der Gregorianische Choral; diesen hatte ich einst in der Landshuter Gesangsstunde aus allen Darbietungen herausgehört, auch wenn die Sänger noch so unvollkommen gewesen waren. Hier in Leipzig waren die jungen Sänger ebenfalls Gymnasiasten; sie wurden im Griechischen und Lateinischen unterrichtet wie wir; aber ihr Gesang hatte einen Ernst und eine Tiefe, die wir niemals erreicht hatten, und ich fragte mich zuweilen, ob diese Thomaner wirklich auch nur Schüler sein konnten, wie wir gewesen waren. Meine Andacht wurde nicht geringer, als ich an einem Samstagnachmittag Fräulein Freytag, jene erste mir zu Gesicht gekommene Studentin der Medizin, unter den Zuhörern entdeckte. Sie schien mich nicht zu sehen; aber der Gesichtsausdruck, womit sie die herrlichen Töne aufnahm, war von einer solchen Sammlung, wie ich sie nur bei wissenschaftlichen Vorträgen von Friedrich oder Curschmann an ihr bemerken konnte.

Der Mann, den übrigens alle Leipziger damals als ihren bedeutendsten Mitbürger schätzten und verehrten, war der in der Stadt selbst geborene Maler, Zeichner und Bildhauer Max Klinger. Sein Ruhm war zu Beginn des Jahrhunderts bereits über Deutschland hinausgedrungen, und daß auch Dehmel und andere mitlebende Dichter ihn bewunderten, erhöhte in meinen Augen seinen Rang.

An einem Wintersonntag besuchte ich das Museum am Augustusplatz, und wie die meisten Fremden, die zum ersten Mal Klingers Werke betrachteten, ließ ich mich zuerst in die Räume locken, in denen die vielbesprochenen Skulpturen des Meisters ausgestellt waren.

In der Münchner Glyptothek hatten Plastiken von weißem

oder schwarzem Marmor, auch von Sandstein oder Bronze gestanden. Aber die Kassandra, die Salome, denen ich hier auf einmal gegenüberstand, waren aus farbigen Marmorarten zusammengefügt, so daß die Seele schon durch die Eigenart des Materials eine Berührung mit fremdartigen und doch vertrauten Naturbereichen fühlte; die Augen dieser Figuren begnügten sich auch nicht wie die meisten weißen griechischen mit heiliger Blindheit; sie bestanden aus Perlmutter, Bernstein oder Glas und Saphiren, und manche muteten modern, zeitgenössisch an wie etwa die Salome, die der verführerische Ruf mordlustiger Grausamkeit umgab. Mir wollte diese Herodestochter harmlos vorkommen; sie erinnerte mich an eine hübsche junge Kellnerin, die mir im Café Babelsberg zuweilen Tee oder Schokolade einschenkte. Was an ihr unheimlich war, trat mir erst entgegen, als ich die Köpfe leichenhafter Männer sah, die mit gebrochenen Augen aus dem Sockel der Plastik zu ihr hinaufstarrten, noch im Tode fasziniert.

Auf dem Rückweg durch die anfangs wenig beachteten Säle fiel mein Blick auf eine Tuschzeichnung, die meine Aufmerksamkeit stark in Anspruch nahm. An einem jungen Bäumchen lehnt ein Knabe, fast ärmlich gekleidet: Höschen, Strümpfe und Röckchen, sogar der Gürtel sind abgebraucht; es war aber keineswegs die Armut, die mein Mitgefühl erregte. In seinem Haar ist ein Scheitel angedeutet; es fällt nach beiden Seiten ungelockt, fast ungekämmt, in langen, schlaffen Strähnen herab. Über seinem bleichen Gesichtchen aber liegt ein tiefer Kummer; die großen Augen, ratlos in die Ferne schauend, sprechen eine Trauer aus, die nicht frei von Schuldgefühl ist und an Verstörung grenzt. Diese Zeichnung schien mir von der Seele Klingers weit mehr anzuvertrauen als jene buntmarmornen Statuen und auch die Riesengemälde wie Christus im Olymp, die mir später begegneten.

Als ich aus dem Museum durch die Stadt ging, war Abend geworden; durch Nebel fielen feine Schneeflocken, und ich sehnte mich nach dem nächsten Sonntag, wo die Säle wieder zu freiem Eintritt geöffnet sein würden. Schon war der Knabe keine Tuschzeichnung mehr für mich, sondern ein Lebendiger, der irgendwo herumging und wartete, daß man mit ihm Freundschaft schloß.

Bedingungslos war aber auch in mir die Bewunderung für den Künstler, aus dessen Werk mich der Feueratem einer neuen Zeit anwehte; ich wünschte mir, ihn eines Tages von Angesicht zu Angesicht zu sehen, vielleicht auch eine Rose von erlesener Form und Farbe der Frau zu überreichen, die er liebte und immer wieder malte oder modellierte, der vielgenannten, herrlichen Elsa Asenjeff.

In Gaslicht und zunehmendem Schneefall marschierte mir aber nun ein Zug dunkel gekleideter Menschen entgegen, mit militärischem Schritt und großer Eile, junge Burschen, graue Männer in phantastischen uniformähnlichen Anzügen, aber auch junge Mädchen in dunklen Kostümen mit biedermeierlichen Schutenhüten, und in hellem jubilierendem Ton begannen sie eine Art Gesang: »Auf der ganzen Erde / kämpft die Heilsarmee, / sei's in Not, Beschwerde, / Gott hilft aus der Höh. / Wir verkünden Gottes Heil der ganzen Welt, / mit dem Schwert des Geistes / ziehen wir ins Feld. / Geht vorwärts, Heilssoldaten, / geht vorwärts in die Schlacht! / Mit Jesus, eurem Leiter, / zerstört des Satans Macht!« – Es war dies meine erste Begegnung mit der Heilsarmee, die es ja in dem katholischen München nicht gab. Man hörte meistens nur wie von einer wunderlichen Sekte von dieser Gemeinschaft sprechen, der man nicht viel Bedeutung beilegte. Nun ging aber von diesen dunklen Menschen eine sonderbare Stimmung aus, die man von anderen öffentlichen Aufzügen her nicht kannte. Kriegerisch, doch ohne Waffen, schritten sie dahin mit ihrem sorglosen ungeschulten Straßengesang, ohne Furcht vor Lächerlichkeit und Verhöhnung; ja beinah im Gassenhauer- oder Bänkelsängerton schmetterten sie ihr gläubiges Bekenntnis zu Jesus Christus in die sündenvolle Welt hinein.

Ein älterer Herr, den ich vom Café Felsche her kannte, ging grüßend vorüber und wunderte sich ein wenig, als ich fragte, was für Leute das wären. Er trug an seinem Rock das Bändchen vom Eisernen Kreuz und hatte nur einen Arm; erst als ich ihn erinnerte, daß ich in Leipzig Medizin studierte, gab er ohne sonderliche Teilnahme Auskunft: »Ach, kennen Sie die nicht? Das sind die Salutisten«, sagte er gutmütig ironisch, »die Soldaten Gottes, wie sie sich nennen. Ich sage nichts gegen sie; sie begehren nichts für sich. Die Urchristen sind es, denen eifern sie nach. Sie nehmen sich der entlassenen Sträflinge an, gewöhnen ihnen das Wirtshausleben ab, erziehen sie zu Gebet, Gesang, Predigt und Arbeit. Nein, dies darf man nicht verschweigen: sie tun viel Gutes; kein Hungriger geht ungesättigt, kein Verzweifelter ungetröstet, kein Arbeitsloser ohne Aussicht auf Beschäftigung von ihnen fort. Sie haben fanatische Feinde, und gelegentlich werden sie verprügelt; aber das bestärkt sie nur in ihrer Überzeugung, daß Gott sie berufen hat, Menschen vom Untergang zu retten. Sie müßten einmal ihre Versammlungen besuchen, müßten ihre Führer sprechen hören, da wissen sie ihre Zuhörer dermaßen zu erschüttern, daß einer nach dem andern anfängt, seine Sünden auf der Bußbank laut zu bekennen und den Beginn eines neuen Lebens zu geloben. Für ein paar Pfennige verkaufen sie ihre Zeitung, die sie den ›Kriegsruf‹ nennen; auch finden sie immer wieder wohlhabende Leute, die ihnen erhebliche Summen zur Verfügung stellen; ja, ich kenne Ärzte, die jeden Salutisten umsonst behandeln oder einen Teil ihrer Einnahme der Heilsarmee als Geschenk überlassen. Aber bedenken Sie doch: ich bin ein alter Veteran, habe den deutsch-französischen Krieg mitgemacht und dabei einen Arm eingebüßt, da wollen mir diese singenden Soldaten, die sich Leutnante, Leutnantinnen, Majore, Majorinnen nennen, doch nicht gefallen. Wilhelm der Zweite, unser herrlicher Kaiser, bedeutet für sie gar nichts; Jesus Christus ist für sie der oberste Kriegsherr, für den sie aber niemand verwunden oder gar töten – ist das nicht eine Verspottung unserer tapferen Armee? Und darf man sich wundern, wenn sie manchmal verprügelt werden?«

Während ich den alten Herrn noch eine Strecke begleitete, wurde er milder und erzählte von William Booth, dem Begründer der Heilsarmee, den er während seiner Europareise in Berlin gesehen hatte. Seine Frau Catherine, die mit ihm gemeinsam in der düstersten, verkommensten Gegend Londons das Werk der Seelenrettung begründet hatte, war kurz vor jener Reise an einem schmerzhaften Krebsleiden gestorben. »Sie hätten ihn sehen sollen, sein gewaltiges Haupt mit silberweißem Haar und Bart und dem Blick des Kämpfers mit dem unbändigen Willen und dem sanften Herzen. Wer ihn sah, der mußte verstehen, daß er sich manches Ungewöhnliche erlauben durfte. Von seiner Begegnung mit Cecil Rhodes haben Sie vielleicht gehört? Der ist ja heute noch in England ein mächtiger Mann, und er soll ziemlich erstaunt gewesen sein, als William Booth ihn gelegentlich einer Fahrt nach Hadleigh mitten in einem landwirtschaftlichen Gespräch vertraulich fragte: ›Sie sind ein Mann, von dem vieles abhängt. Wie steht es mit Ihrer Seele?‹ – ›Nicht ganz so gut, wie ich wünschen müßte‹, antwortete der höfliche Lord. ›Beten Sie?‹ war die nächste Frage. – ›Nicht so oft, wie ich sollte.‹ – ›Wollen Sie mir erlauben, jetzt mit Ihnen zu beten?‹ – Zu jedem anderen hätte Cecil Rhodes nein gesagt. Aber an der Erscheinung des alten Generals Booth, wie ihn schon damals alle Welt nannte, schien ihn doch irgend etwas ergriffen zu haben; jedenfalls knieten sich die zwei Männer wie Schulknaben nieder zu einem Gebet, und niemand lachte dazu.«

Als ich mich von dem alten Herrn verabschiedete, waren die Salutisten bereits in einen anderen Teil der Stadt gezogen. Ich suchte mein Zimmerchen auf und überdachte den sonderbaren Tag.

Vor aller Öffentlichkeit meine Sünden laut zu bekennen, das hätte doch gewiß nur zu den allergröbsten Mißverständnissen geführt; darüber war ich mir schon damals im klaren.

Ob ich zwar bereits ahnen konnte, wie unlösbar meine Fehler zu mir gehörten, das wüßte ich heute nicht mehr zu sagen. In fremden Augen war manches eine Übertretung, was ich für keine hielt; dagegen mußte ich selbst über manche meiner stillen Gedankensünden, über die jeder General der Heilsarmee nur gelacht hätte, mir schwere Vorwürfe machen, dies erfuhr ich nach und nach.

In meinen zwei letzten Leipziger Semestern gingen Prüfungen und Vorlesungen stets nebeneinander her, so daß keines durch das andere verdrängt oder vernachlässigt werden mußte. Zu gleicher Zeit beschäftigte mich ein größeres Versgebilde, und mit diesem erlebte ich das unverhoffte Glück, daß es unter dem Titel ›Künstlers Morgengang‹ in einer Berliner Zeitschrift, die sich ›Das Magazin‹ nannte, Aufnahme fand, obgleich ich seine Form nicht für endgültig hielt. Mittlerweile hatten auch die Examinatoren ihre Prüflinge schon ziemlich genau kennengelernt, so daß ihnen die Beurteilung nicht mehr schwierig wurde, und an einem sonnigen Apriltag des Jahres 1903 waren unversehens die sämtlichen Stationen meiner ärztlichen Approbationsprüfung glücklich bestanden.

Mich ließ nun das Gefühl nicht los, als wäre alles eigentlich zu schnell gegangen; immerhin fehlte mir noch die Promotion. Meine beiden Eltern aber meinten, ich sollte diese erst im Sommer nachholen und vorderhand meinen Vater in Passau nach bestem Können vertreten. So wollte ich keine Zeit mehr verlieren, teilte den Eltern auf einer Postkarte das bestandene Examen mit und kündigte für die zweite Hälfte der Woche meine Heimkunft an. Am Donnerstag vor dem Palmsonntag stieg ich in den Abendzug und kam nach langer Nachtfahrt in der Mittagsstunde des nächsten Tages auf dem kleinen Bahnhof Sandbach an. Von dort aus hatte ich noch eine halbe Stunde bis zu unserem alten Hause nach Seestetten zu gehen. Dies war der sogenannte schmerzhafte Freitag des Jahres 1903.

In dem alten hölzernen Hause beim Bahndamm schien etwas Ungewöhnliches vorzugehen. Auf dem Gang, vor dem väterlichen Zimmer, hing über einem mit grüner Seide überzogenen Bügel ein ganz neuer dunkler Mantel mit schwarzem Samtkragen, darüber ein steifer schwarzer Filzhut, und in der Ecke lehnte ein kräftiger Stock mit silbernem Griff. Hinter der Türe hörte ich den Vater mit einem unbekannten Gast bedächtig sprechen. Die Mutter weinte bei meinem Anblick; ich merkte aber, daß dies Freudentränen waren, und als sie fragte, ob das Examen schwer gewesen sei, sagte ich wahrheitsgemäß, in der letzten Prüfung, aus der Arzneimittel-Lehre, sei der Professor so anständig gewesen und hätte das Zimmer verlassen, bis wir die sämtlichen Rezepte abgeschrieben hätten, und auch sonst wären lauter Sachen drangekommen, die man nicht hätte verkorksen können, wenn man immer gut aufgepaßt habe. Da weinte sie noch mehr, beruhigte sich aber gleich und sagte mir ins Ohr: »Weißt du, wer drinnen beim Vater sitzt?«, erteilte jedoch die Antwort selbst: »Der Geheimrat Jochner aus München. Denk dir nur: seine Frau Gemahlin, die Gräfin Tattenbach, liegt mit einer Lungenentzündung im Josefinum und wird auf Jochners Wunsch nach des Vaters Angaben mit Pilokarpin behandelt. Sie nimmt es in flüssiger Form, stündlich ein Löffelchen voll, und was das Allerschönste ist, es geht ihr schon sehr viel besser. Heute abend fahren die beiden Herren nach München, um die Patientin zu besuchen. Du aber wirst entsetzlich Hunger haben. Leider ist heute Freitag, da gibt es bloß Rohrnudeln, morgen aber einen Hecht und übermorgen alle deine Leibspeisen. Weißt du was? Mache dich ein bißchen fein. Wir essen heut alle in Vaters Zimmer.« Ich fragte nach Stephanie und erfuhr, sie besuche zur Zeit eine Haushaltsschule in Deggendorf.

Der Vater gratulierte mir mit herzlichen knappen Worten zu dem bestandenen Examen; der Geheimrat aber reichte mir die Hand und sagte nur: »Ich wünsche Ihnen Glück, lieber Kollege!« Im späteren Gespräch drückte er nur seine Verwunderung darüber aus, daß ich, als der Sohn eines Internisten, mir für meine Dissertation ein geburtshilfliches Thema wählen wollte, worauf mir keine bessere Antwort einfiel, als daß Zweifel seine Vorlesungen stets in einem so vortrefflichen Stil gehalten habe, daß ich dabei oft an Goethe erinnert worden sei.

Die Mutter schlug uns vor, zwischen Mittagessen und Kaffee einen Spaziergang in das reizende Setzenbachtälchen zu unternehmen, und gab mir, als ich mit ihr allein war, noch einige Winke, wie ich mich dem Geheimrat gegenüber benehmen sollte: »Jochner ist wohlwollend und nicht kleinlich, aber doch ein sehr frommer Katholik, das weißt du. Seine Frau stammt aus der berühmten Familie Görres. Görres, das ist der Mann, den der große Napoleon gefürchtet und während der Befreiungskriege die fünfte feindliche Großmacht genannt hat. Später ist er eine Säule der katholischen Kirche geworden, und unser König, Ludwig der Erste, hat viel von ihm gehalten. Jochner denkt und empfindet nicht anders als er. Schwärme also in seiner Gegenwart nicht gar zuviel von deinem Dehmel und von deinem Nietzsche! Rede lieber, wenn sich Gelegenheit bietet, mit Ehrfurcht von Leo dem Dreizehnten und seinen Gedichten auf die Mutter Gottes! Vor allem aber frage nach dem Befinden der Frau Geheimrat! Welch große Ehre es für uns alle bedeutet, daß ein Mann wie Jochner den Vater zuzieht, o Kind, das wirst du erst verstehen, wenn du einmal selbst erfährst, wie es im ärztlichen Leben zugeht!«

Als wir das alte Haus verließen, sahen wir kleine Schollen von Eis auf der Donau treiben. Ein Schiff mit rauchendem Kamin stand festgefroren ganz nahe dem anderen Ufer. Jochner freute sich, die Gegend, die ihm fremd war, ein wenig kennenzulernen. Die sinkende Sonne stand noch ziemlich hoch wie an einem langen Winternachmittag. Das lockere Gehölz vor dem Setzenbachwald nahm sich aus wie ein Gefüge von goldenen und silbernen Strichen. Die beiden Ärzte stapften rüstig über den eisigen mattleuchtenden Schnee, voraus der Vater mit seiner alten braunen Pelzhaube und grauen Joppe. Ihm folgte der Geheimrat im neuen schwarzen Mantel und Hut mit jugendlich beschwingtem Gang. Als letzter kam ich selbst mit einem kräftigen und eleganten, im Leipziger Bahnhof schnell noch gekauften Stock. Über eisgepanzerten Felsblöcken stob vor unseren Tritten auf einmal eine ganze Wolke schwarzer Vögel auf, und Pulverschnee bestäubte unsere Gesichter. Den Bach entlang sah man überall Thuja- und Wacholderzweige im Boden stecken, wie es vor dem Palmsonntag Sitte war.

Die Unterhaltung drehte sich bald nur noch um die ferne Patientin, die droben in München unter den pflegenden Händen der Schwestern des Josefinums ihre beiden Ärzte erwartete, und wie einen Wanderer, der in gefährlicher Gegend sich plötzlich nur noch auf die eigenen Kräfte angewiesen sieht, überfiel mich der Gedanke, daß ich vielleicht schon am nächsten Tage einem schwer Kranken oder einer Gebärenden gegenüberstehen konnte, für die vielleicht mein theoretisches Wissen, keinesfalls aber mein technisches Können ausreichte. So suchte ich aus den zwei erfahrenen Meistern der Heilkunst in aller Eile noch herauszuholen, was mir in schwierigen Situationen möglicherweise dienlich sein konnte, und stellte unzählige Fragen. Vom Vater erhielt ich fast immer kurze praktische Antworten, während Jochners Auskünfte immer ins Allgemeine, Bedeutungsvolle wiesen. Wenn einer von innen her die rechte Einstellung zum ärztlichen Beruf hätte, so, meinte er, würden ihm ganz alltägliche, einfache Verrichtungen wie etwa das Desinfizieren der Hände vor einer Operation ganz von selber zu frommen Handlungen, womit er freilich nichts gegen einen berühmten Münchner Kollegen sagen wolle, der vor bedenklichen operativen Eingriffen das Messer nicht zur Hand nahm, ohne ein kurzes Gebet zu verrichten. Dagegen begnügte sich der Vater mit einer schlichten Warnung vor übergroßen Arzneigaben und sagte, er gehe stets beruhigter von einem schweren Falle fort, wenn er ihm keine Maximaldosis verschrieben habe.

Wir gelangten in eine noch tiefverschneite Wiese hinaus und standen auf einmal vor einem Reh, das in Schlafstellung mit sanft gebogener Wirbelsäule vor uns lag, so daß wir nicht sogleich bemerkten, daß es tot, vermutlich erfroren war. Jochner schien der Anblick nahezugehen, und ich war froh, daß ich ihm etwas Erfreuliches zeigen konnte. Ganz nahe beim Bachrand standen dichte Büschel der schönsten Schneeglöckchen mit grünen Tupfen auf den weißen Blütenspitzen. Ich pflückte einen Strauß und bat, des mütterlichen Rats gedenkend, den Geheimrat, ihn der gnädigen Frau mit einer Empfehlung zu überreichen. In Pelzmantel und Muff kam uns die Mutter nach, um uns zum Kaffee zu holen. Es war auch hohe Zeit für die beiden Ärzte, wenn sie den Zug nach München erreichen wollten.

Die Sonne war im Untergehen, und über dem grauen westlichen Himmel verlief ein roter Strich, der sich in den höheren Wolkenschichten mehrfach wiederholte.

DIE BEINAH TÖDLICHE DOSIS

Wenn man zu Beginn dieses Jahrhunderts die Bevölkerung eines Ortes zahlenmäßig angeben wollte, so sprach man in unserer Gegend wohl meistens von Einwohnern, zuweilen aber auch, wie in alter Zeit, von ›Seelen‹, und die Stadt Passau hatte vierundzwanzigtausend Seelen.

Von geschichtlichen oder politischen Schicksalen der Stadt soll übrigens hier nicht die Rede sein; jedenfalls ist Passau mit seiner Umgebung seit Jahrhunderten eines der wunderbarsten, merkwürdigsten Stadt- und Landschaftsbilder Deutschlands gewesen und wird es vermutlich immer bleiben. Wer zum ersten Male vom Mariahilfberg oder von der Burg Oberhaus über die Stadt hinsieht, wird vor der Schönheit und

Kühnheit ihrer Lage fast erschrecken, und es ist begreiflich, daß die verschiedenartigsten Geister sich von ihr angezogen fühlen. Der Erforscher der Erdrinde übt seinen Scharfsinn, wenn er die schweigsamen Orakel des Gesteins befragt, um die Vorgänge kennenzulernen, die sich in Urzeiten ereignet und schließlich die Halbinsel zurückgelassen haben, die heute Kirchen, Häuser und Gärten trägt. Der Liebende der Tierwelt aber, wie muß es ihn anmuten, wenn ihm auf sonnigen Hängen bei Obernzell die Smaragdeidechse begegnet, die ihn an südliche Reisen erinnert! Vor allem wissen es Zeichner und Maler, daß ihnen hier besondere Aufgaben gestellt werden. Manchem ist es wohl gelungen, Linien, Farbenhauch und Glanz der Landschaft einzufangen oder den immer wechselnden Wasserstand anschaulich zu machen; auf die Künftigen aber warten wohl neue Probleme.

An tief gelegenen, mit steilen Höhen umbauten Orten wird das Auge ähnlich wie in Brunnenschächten lichtempfindlicher; dies merkt man in Passau vornehmlich an den seltenen Herbst- und Frühlingstagen, wo warme trockene Winde von den Bergen fallen; wir sehen dann den Himmel so kornblumenblau, wie er uns über den weiten, flachen Ebenen fast nie erscheint, und jene zarten, leicht geknickten Wolkenstriche, die das Volk ›Regenwurzeln‹ nennt, glänzen silberweiß.

Ohne Donau und Inn wäre wohl Passau immer nur eine verträumte Legendenstadt gewesen; die zwei mächtig zusammenflutenden Gewässer machten sie erst zu einer freien weltoffenen Siedlung, um die sich freilich Jahrhunderte lang weltliche und geistliche Herrschaften zankten und stritten. Fast jede Seitengasse führt zu einem Strand, und bei der großen Überschwemmung 1899 sah ich noch Zillen und Barken wie venezianische Gondeln durch die Straßen fahren.

Im Schlimmen wie im Guten war zu allen Zeiten das Wasser der natürliche Dämon der Stadt Passau. Die herrlichen, länderverbindenden Ströme sind stets auch bereit, gefährlich und feindlich zu werden. Wer die Totenbücher liest, wird über die Zahl der Kinder wie der Erwachsenen staunen, die vor allem der Inn jahraus, jahrein verschlingt. In der Heiligen-Geist-Gasse sieht man eine Votivtafel aus Solnhofer Stein in eine Hauswand eingelassen: da weist eine Hand nach einem Kreuz, und eine alte Inschrift berichtet, bis hieher seien am Maria-Himmelfahrtstag, dem 15. August 1501, ›die Wassergüss' gangen‹. Über die Stadtmauer hinweg haben also damals Donau und Inn an der Stelle des Heiligen-Geist-Spitals ihre Fluten vereinigt.

Meine ersten Passauer Monate fielen noch in die Zeit, wo ich meinen Aufenthalt als einen vorübergehenden ansehen durfte. Ich befand mich ja vorerst als Vertreter, ja gleichsam nur als Famulus meines erkrankten Vaters hier; auch stand mir noch die Promotion bevor, die ich in Leipzig ablegen sollte. Dennoch enthüllte mir die alte Stadt bereits den Aspekt, der sich für einen jungen Arzt aus seiner Tätigkeit ergibt. Er geht ja mit anderen Gedanken und Gesichten durch Tage und Nächte als irgendein Bürger oder ein durchreisender Gast. Wenn in der Dunkelheit lange Reihen erleuchteter Fenster friedlich seinen späten Heimweg begleiten, so weiß er in seinem verschwiegenen Herzen, daß es hinter diesen feierlich ruhigen Lichtern durchaus nicht immer froh und friedlich zugeht, und auch am hellen Tage hält ihm manches Haus eine Zeichenschrift entgegen, die kein anderer liest. Viele bemerken an gelblicher Mauer das Marienbild und die kleine rote Lampe, die darunter brennt; er aber kennt auch das Erkerstübchen, das dahinter dämmert, und die junge Mutter, die nach überstandenen Wehen, ihr Kind an der Brust, in die Genesung hinüberschläft. Mancher mag auch noch über einem Torbogen den halb verwitterten schildhaltenden Adler von grauem Stein unterscheiden; doch wenige wissen, daß gerade jetzt hinter dieser Figur, auf schweißdurchfeuchtetem Lager, ein menschliches Antlitz verfällt und stirbt.

›Wer würde Arzt werden, wenn er alle Unbilden voraussähe, die seiner warten?‹ Diese Frage des alten Goethe hat gewiß noch keinen vom Studium der Heilkunde abgehalten, so berechtigt sie sein mag. Was die Unbilden angeht, so verteilen sie sich meistens auf weite Strecken des Lebens und nehmen doch nur selten bösartige Formen an. Schlimmer sind jene Schuld- und Sorgengefühle, denen man sich durch Leichtsinn und Mangel an Sammlung selbst ausliefert.

Durch den Rechtsanwalt Heberle, den späteren Schwiegervater des Dichters Klabund, war ich mit einigen jungen Offizieren der Passauer Garnison bekannt geworden, die manchmal auch meinen ärztlichen Rat einholten, und eines Abends fand ich mich zu einem Herrenabend ins Kasino eingeladen. Dort verlief alles nach einem bestimmten Ritus, innerhalb dessen aber ziemliche Freiheit herrschte: denn nachdem Trinksprüche auf den deutschen Kaiser und auf den Prinzregenten von Bayern ausgebracht waren, folgten Vorträge mit witzigen, nicht immer durchaus gutmütigen Anspielungen auf gewisse Eigenheiten der höheren Vorgesetzten, hierauf musikalische Darbietungen. Eben hatte mein Tischnachbar, der junge Leutnant Lajos Ziegler, mit wohlgeschultem, klangvollem Tenor ›Tom der Reimer‹ gesungen und unendlichen Beifall geerntet, als mir eine Ordonnanz ein Briefchen überreichte, worin ein unverzüglicher Krankenbesuch erbeten wurde. Der Patient, ein alter Oberbaurat, stand seit Wochen in meiner Behandlung; er litt an Kreislaufstörungen, die öfters jenen quälenden und gefährlichen Zustand hervorriefen, den wir Angina pectoris nennen. Die Mittel, die man heute dagegen anwendet, waren damals noch unbekannt; man legte Senfblätter auf die Brust, wusch die Herzgegend mit heißem Essig, ließ Baldriantee trinken und gab, wenn dies alles nichts nützte, Morphium und Coffeïn. Vor kurzem aber war das Heroin aufgekommen, dem ungemein lindernde Wirkungen nachgesagt wurden; ich hatte eine frische Lösung daheim und beschloß, aus meiner guten Stimmung heraus, dem alten

Herrn ausgiebig Ruhe zu verschaffen, indem ich ihm eine volle Spritze gab. In Wohltäterbehagen ging ich nach Hause, entdeckte jedoch, als ich vor dem Schlafengehen meine Sachen aus der Tasche nahm, daß ich die größere Spritze gebraucht, also dem fast Achtzigjährigen nicht einen, sondern zwei Kubikzentimeter eingeflößt hatte. Dem Schrecken dieser Erkenntnis folgte gleich ein fast noch größerer: mein Taschenbuch der Therapie belehrte mich, daß dieses noch wenig bekannte Heroin eher stärker war als das Morphium, nach dessen Höchstgabe meine Injektion berechnet gewesen; auch dies war mir in dem ganz ungewohnten Weintaumel nicht zum Bewußtsein gekommen.

Wer sich jemals in ähnlicher Lage befunden, wird sich meinen Gemütszustand vorstellen. Wirksame Gegengifte gab es kaum; es war nicht anzunehmen, daß der Oberbaurat den Morgen erleben würde. Der Fernsprecher war noch nicht eingeführt; schrecklich schwiegen die Wände. Wie in jener winterlichen Kindheitsnacht, wo ich mir einbildete, meinen Schulfeind Reisinger umgebracht zu haben, vernahm ich in jedem Schritt, der sich dem Hause näherte, die drohende Verhaftung. Ich blieb angekleidet, verbrannte Briefe und zürnte wieder einmal dem Vater, durch den ich auf eine so von Schuldgefahr umstellte Bahn gedrängt worden war. Andere mochten getrost einmal geistesabwesend sein, der Schaden war selten groß; beim Arzt aber ging es gleich um Tod und Leben. Ratlos wechselte der Geist von Entschluß zu Entschluß; bald wollte ich zu dem Kranken zurückkehren, bald mein Bewußtsein in Veronal versenken, bald zur Mutter fahren, die fast immer einen Rat wußte. Endlich schlief ich sitzend ein und träumte von ihr. Sie stand am Fenster, wiegte langsam den Kopf und sagte, es wolle ihr gar nicht gefallen, daß der Vater neuerdings eine schwarze Halsbinde trage, da erwachte ich zu neuer Pein. Es war die Zeit der kürzesten Nächte; schon machte die Dämmerung alles Weiß im Zimmer sichtbar, ein aufgeschlagenes Buch, den Leinenmantel an der

Tür. Ich nahm Hörrohr und Hut und ging in die Straße hinunter. Ein offener Wagen mit einer ganzen Wohnungseinrichtung fuhr vorbei; Reisende eilten mit Handtaschen zum Bahnhof. Auf dem Vorgärtchen drüben glitzerte der Tau der Nacht; hinter violetten Schwertlilien hob die junge Bernadette von Lourdes ihre Hände zu der holdseligen Dame empor. Aber die Mirakelwelt, wie fern lag sie mir! Dennoch stieg aus der Bedrängnis des Herzens etwas auf wie ein Gebet.

Als mir das Fenster einer Auslage mein Spiegelbild zeigte, das so übernächtig verstört aussah, stieg ich noch einmal in die Wohnung hinauf, tauchte das Gesicht in kaltes Wasser, nahm ein belebendes Mittel und machte mich wieder auf den Weg. Häuser und Bäume begannen ihre Schatten zu entwerfen, Glocken riefen zum ersten Gottesdienst.

Auf der Donaubrücke holte mich ein Zug Soldaten ein, geführt von Leutnant Lajos Ziegler, dessen Gesang mir vom Kasino her noch in den Ohren lag. Der Glückliche wußte nicht, wem er grüßend zulächelte. War einmal ein Haftbefehl wegen fahrlässiger Tötung gegen mich erlassen, so erfuhr es in wenigen Stunden die ganze Stadt, und das Regiment mußte bedauern, mich eingeladen zu haben; der liebe Lajos aber durfte mich in der Öffentlichkeit nicht mehr kennen.

Auf einmal stellte sich jene Gleichgültigkeit ein, die zuweilen aus überstarken Gemütsbewegungen hervorgeht. Vom Brückengeländer, zwischen dessen Eisenstreben die tauigen Perlengewebe der Spinnen ausgespannt waren, sah ich auf die Donau hinab. Sie hatte nicht ihr gewöhnliches Ölgrün und -grau, sondern glich unter dem Ostwind einem klaren, aus Türkis und Stahl geschmolzenen Strom. Die Strandgebäude aber, vielfach mit Moos und Farnkraut bewachsen, schillerten schwach in den Verwitterungsfarben, mit denen die immer feuchte Luft sie bemalt. Ein Schiff mit fremden Fähnchen lehnte am Gestad; auf Deck lag der gewaltige Anker, um den ein Kind unermüdlich herumtanzte; davor stand ein üppiges Weib und breitete Wäsche über ein Gestell. Sie glich von weitem jener Schlepperfrau, deren Söhnchen ich einst auf Amaliens Zureden untersucht und behandelt hatte. Wieder einmal hätte es nahegelegen, sich an das geheime Gesetz zu erinnern, wonach der nämliche Mensch immer wieder das Nämliche tut und erleidet; eigentlich war ja die Lage, die ich mir damals durch meine übermäßige Tablettenspende bereitet hatte, von meiner gegenwärtigen nicht allzu verschieden; nur daß jetzt kein Vater helfend einsprang.

Indessen der Anblick vieler Schiffe, die jetzt von Osten und Westen heranfuhren, verwegene Fluchtgedanken in mir weckte, kam ein älteres Mädchen mit einer Henkeltasche am Arm auf mich zu, stellte sich vor als die Ausgeherin des Instituts der Englischen Fräulein im Kloster Freudenhain und bat mich, gleich mit ihr zu kommen: Mater Gonzaga, die Lehrerin für neue Sprachen, sei krank geworden, der alte Hausarzt aber verreist. Die Dienerin trug sich selbst ein wenig klösterlich. Ihr Mund stand halb offen, und auch sonst hatte sie den Ausdruck der Schwerhörigen; doch aus den blauen Augen sprach wohlwollender Humor. Sie verriet mir, die ehrwürdigen Fräulein hätten sich's lang überlegt, einen so jungen Herrn zu rufen, der noch keinen Doktortitel habe, aber die ehrwürdige Mater Oberin habe schließlich gemeint, wenn ich einigermaßen meinem Vater ähnlich wäre, so dürfte man es wagen, im übrigen müßten halt alle beten, daß es gut ausginge.

So überschritt ich denn mit ihr die Donaubrücke und ging, statt rechts zum Anger abzubiegen, wo der Oberbaurat wohnte, nach links der Höhe zu, die den Stadtpark und über ihm das Kloster Freudenhain trägt. Der ursprüngliche Name war Freundenheim gewesen; denn der Fürstbischof Josef Franz von Auersperg hatte es gegen Ende des achtzehnten Jahrhunderts als Lustschloß erbaut, um seine Freunde bei sich zu versammeln. Über diesen Mann berichtet ein altes Buch, seine höchste Lust sei gewesen, rings um sich her frohe und zufriedene Menschen zu erblicken; er habe den Unglücklichen nicht nur Tränen des Mitleids, sondern tätige Hilfe geweiht und, als es an Arbeit zu mangeln anfing, viele brotsuchende Menschen beschäftigen wollen. Freundenheim galt als einer der schönsten fürstlichen Sommersitze jener Zeit; rauschende Feste sind darin gefeiert worden, zu denen auch an die Passauer Bürgerschaft Einladungen ergingen. Dem Zeitalter der Säkularisation aber fehlte der Sinn für die edle heitere Gründung; die nüchternen Gehirne wollten nichts mehr für sie opfern und überließen sie dem Verfall, bis anno 1880 die Englischen Fräulein Gebäude, Garten und einige Felder erwarben und das Ganze mit Fleiß und Liebe für Unterricht und Erziehung der Mädchen instand setzten.

Zwischen Reihen alter tiefgeästeter Kastanienbäume stießen wir zu dem Kloster hinauf, das ein wenig an Schloß Nymphenburg erinnert. Ein hohes Gittertor stand weit offen; wir betraten den geräumigen Vorgarten, den weiße Mauern rund umgeben. Einst war dies der Ehrenhof gewesen, wo die Wagen der Gäste auffuhren. Das erste, was von dem Gebäude in die Augen fiel, war ein langer Balkon voller Blumen, darüber ein stattliches Wappen von grauem Stein aus fürstbischöflicher Zeit, mit einer Krone zwischen Schwert und Krummstab. Sonst war der wohlerhaltene Bau ohne Prunk, von bescheidenen Maßen. Das Empfangszimmer, in dem ich die Oberin erwarten sollte, war ein Raum mit gewölbter, von Rosetten und Kränzchen umrankter Decke und einem hohen Fenster; durch dieses überblickte man jenen Vorgarten bis zu der weißen Mauer, die das Ganze von der Welt abschloß. Kein Unberufener hatte Zutritt in diesen Bereich, und wie gern sagte ich mir, daß ich hereingehörte, wenn auch nur für eine halbe Stunde! Es war, als ließe sich die Schuld, die mich unten in der Niederung bedrückte, hier in der Höhe etwas leichter tragen.

Die Oberin gab mir in Wort und Gebärden sogleich den Geist des Hauses zu spüren. In ihrem Bericht war nicht eine Silbe zuviel, und über der Gemessenheit und Sachlichkeit vergaß man beinahe, daß durch dieses Dasein ein großer Auftrag wirkte, der ohne einen geheimen Überschwang der Seele doch nicht möglich war. Vielleicht weil ich aus dem Kasino kam, drängte sich mir die Verwandtschaft zwischen Ordens- und Kriegerleben auf. Jedem der beiden ist eine bestimmte Tracht vorgeschrieben; sie bedeutet Zucht und alles, was diese einbegreift: Ichverleugnung, Lakonismus, unbedingten Gehorsam.

Die Oberin sprach wie die Ausgeherin von der Kranken als von der Mater Gonzaga; ich stellte sie mir daher als ziemlich bejahrt vor und war verwundert, einer jugendlichen Erscheinung gegenüberzustehen. Im Gedächtnis leben mir heute noch die sehr dunklen Augen, die prüfend blickten, aber ein sanftes Licht verströmten, und die schwarzen Brauen, die so dicht und stark waren wie feine Bürstchen. Während ich grüßend auf sie zuging, war mir, als huschte über ihr Gesicht eine kleine Helligkeit, ein unvollkommenes Lächeln, das aber gleich unter einer höflichen Miene verschwand, und dieses Alltagsgesicht bewahrte sie, soweit ihre Beschwerden es zuließen. Wenn sie meine Fragen beantwortete, sah sie immer mehr ihre Vorgesetzte an als mich. Diese zog ihr das Kopfkissen glatt und schob ihr dabei geschwind eine glänzend braune Locke, die sich hervorstehlen wollte, unter die gestärkte Leinenhaube zurück. Eine körperliche Untersuchung hätte ich gerne vermieden; aber die Oberin forderte sie, und da mir die Ursache der Schmerzen wirklich nicht klargeworden war, mußte ich ihr dafür dankbar sein. »Verzeihen Sie, wenn ich Ihnen sage, daß es hier sehr weh tut«, äußerte Mater Gonzaga, ohne die Miene zu verändern, als ich die empfindliche Stelle unterhalb des rechten Rippenbogens abtastete – es war die ganze Disziplin eines in Jahrhunderten gewachsenen Standes, die sich in dem einzigen Satz zum Ausdruck brachte. Etwas Unirdisches wob um diese zarte geistliche Lehrerin, die in Schmerz und Schwäche sich nicht gehenließ, und während ich nach beendeter Untersuchung den Heilplan überlegte, erwachte ein Mut in mir, dem Schicksal entgegenzugehen und nicht zu verzweifeln, wenn mich die Bestrafung meines Leichtsinns nun ereilte. Mit einer Art Beruhigung sah ich mich in der Zelle um. Sie enthielt nichts Überflüssiges: eine englische Grammatik, ein Stoß blauer Schulhefte, ein Rotstift und ein Gebetbuch lagen auf einem alten Tischchen, dessen Füße unten in Rehhufen endeten, und dies war der einzige Zierat in der schmalen, aber sehr hohen Zelle. Elektrisches Licht und elektrisches Läutwerk gab es noch nicht; ein Petroleumlämpchen stand hinter den Heften, dabei eine Glocke mit hölzernem Griff.

Nachdem der Schmerz gestillt und die Beratung beendet war, stellte die Oberin noch einige persönliche Fragen. Vor allem wollte sie wissen, wann der Vater zurückkehren werde, wie sich die Praxis anlasse, ob ich verheiratet sei und einiges andere. Das Junggesellentum schien sie als Mangel zu empfinden. Als ich erwähnte, daß mir die Promotion noch fehle, wurde sie rot: »Nun, das wird sich ja nachholen lassen«, sagte sie lächelnd und erteilte mir gleich einen Vertrauensbeweis, indem sie mit Bestimmtheit bat, die Kranke vorerst noch jeden zweiten Tag zu besuchen. Wir einigten uns auf die Abendstunde nach fünf Uhr. Draußen verzögerte sich mein Schritt zwischen den Blumenbeeten. Eine hohe Sonnenblume hielt ihre Blätter flach wie Hände hin und ließ sie mit Licht füllen. In einer langen Reihe von Stauden des niedrigen weißblühenden Phloxes stand ab und zu eine flammende Gladiole wie ein Fest zwischen Werktagen.

Ich versuchte mir den Tagesgang der Mater Gonzaga vorzustellen und vergaß dabei mehr und mehr meine Sorgen. Gern hätte ich gewußt, welchen Eindruck sie von mir gewonnen haben mochte. Naturbetrachter erzählen von einem grünen Strahl, der manchmal auf Bergeshöhen in der allerersten Sekunde des Sonnenaufgangs hervorleuchtet und gleich wieder erlischt. Wer ihn je erblickte, möchte ihn immer wieder sehen, und so wünschte ich mir im Antlitz der kranken Nonne noch einmal jene flüchtige kleine Helligkeit zu finden, die ich bei meinem Eintreten zu erkennen geglaubt; doch kamen die eitlen Gefühle um so weniger zur Entfaltung, als an irdische Liebe nicht zu denken war. Ihr Gelöbnis, die Würde des Ordens, die Gottesliebe, ihre ganze Berufung standen zwischen ihr und mir, und so mündete schließlich alles in dem Vorsatz des Arztes, das Mögliche für sie zu tun.

Vor dem Gittertor erwarteten mich abermals die Eumeniden; doch schien ihre Wut gemildert. Als wollte ich mich zur Entscheidung sammeln, ging ich zuerst noch eine kleine Strecke bergaufwärts, wo gleich oberhalb des Klosters die Felder begannen. Eine Pflugschar stand verlassen in einem Acker; sie war von Tau leicht rostig angelaufen, das blitzte wie neues Kupfer im Vormittagslicht. In einer Ackerfurche lag etwas wie ein vom Schlage getroffener Mann; schon griff ich nach meinem Arzneienbehälter, da näherte sich ein Landstreicher von der Straße her dem Regungslosen, hob ihn auf und stellte ihn gerade; es war nur eine Vogelscheuche, freilich eine recht gut ausgestattete. Bedächtig umschlich sie der Stromer, befühlte den alten, vertragenen Rock, den man ihr umgehängt hatte, zuletzt auch den Hut. Dann zog er seinen eigenen schlechten Janker aus, hielt ihn vergleichend neben den Anzug der Puppe, untersuchte Taschen, Knöpfe und Futter und kam zu dem richtigen Ergebnis, daß der Vogelscheuchenrock doch noch der bessere war. Mit Sorgfalt vollzog er den Austausch der Kleidungsstücke, leerte seine Habseligkeiten in die neugewonnenen Taschen herüber und strolchte weiter, ohne mich bemerkt zu haben.

Ich ging nun geraden Weges zu meinem Kranken. Die Wohnungstür war nur angelehnt, der Vorraum menschenleer. Jeder Gegenstand sprach mich bedeutsamer an als sonst, ja manchen nahm ich jetzt erst wahr. Neben der Kleiderablage war unter Glas und breitem Rahmen die bekannte Szene zu sehen, wo ein höfisch unterwürfiger Goethe an einer Straßenseite steht und, sich verbeugend, mit entblößtem Haupt irgendwelche Kaiserliche Hoheiten, die ihn keines Blickes würdigen, an sich vorübergehen läßt, während ein betont rüpelhafter Beethoven, den Hut auf dem Kopf, sich gleichsam mit den Ellenbogen durch die feinen Leute hindurchlümmelt. Es ist immer eine bestimmte Sorte von Kleinbürgern, die sich bei solchen Bildern wohl fühlt, etwas dergleichen zuckte mir durch den Sinn, während ich auf das Krankenzimmer zuging, und Anklopfen und Eintreten waren eins. Der Leidende lag nicht im Bett, sondern saß im Lehnstuhl am Fenster und las die Donauzeitung. Sobald er mich erkannte, drohte er mit der Faust: »Auf Sie bin ich böse – sagen Sie doch: warum haben Sie mir diese Wunderspritze nicht schon längst versetzt? Muß man sich wochenlang martern lassen, um endlich das richtige Mittel zu kriegen?« Lachend gab er mir die Hand, und nun erst wagte ich zu fragen: »Wie geht es Ihnen, Herr Oberbaurat?« – »Lo-bens-wert!« rief er, jede Silbe hervorhebend; aber schon kam seine Gattin mit zwei Töchtern aus dem Nebenzimmer, alle drei lachten, weinten, nannten mich Lebensretter, Engel in Menschengestalt und baten mich, noch ein Viertelstündchen zu bleiben: ein Gesundheitskuchen sei eben fertig geworden, und gleich käme auch ein guter Kaffee. Nicht leicht fiel es mir, die jäh eintretende seelische Entspannung zu verbergen; doch ernüchterte mich zum Glück ein wenig die ungeduldige Neugier meines Kranken, der nicht nur den Namen des Mittels erfahren, sondern sich auch gleich einen größeren Vorrat verschreiben lassen wollte. Daß wohl nur seiner ungewöhnlichen und eigentlich abnormen Toleranz gegen das Narkotikum der gute Ausgang zu verdanken war, konnte er nicht wissen, und ich selbst mußte darüber schweigen.

Zum Schlusse taten es die dankbaren Leute nicht anders; sie wollten mich auch noch mit einem Geschenk erfreuen. Dem Schreibtisch zur Seite stand auf seinen Hinterbeinen ein ausgestopfter Fuchs, der mit seinen Vorderpfoten den Papierkorb des Hausherrn umfaßt hielt. Da ich, gebannt von seiner Häßlichkeit, immer wieder auf dieses Möbel hinblicken mußte, so entstand in der ganzen Familie die Meinung, es hätte mir's angetan, und nun half keine Abwehr: die räudige Tiermumie, von der die Hausfrau mit Rührung berichtete, der Papa besitze sie schon seit zwanzig Jahren, wurde mir samt dem Korb, den sie umarmte, feierlich zugesprochen und noch am selben Tag in die Wohnung geschickt. Wie eine Verkörperung meines bösen Gewissens sollte sie von nun an, meinen Schönheitssinn beleidigend, jedoch aus Aberglauben geduldet, in meinem Ordinationszimmer stehen, und vielleicht hat ihre Gegenwart mich wirklich in den folgenden Jahren vor allzu groben Unachtsamkeiten bewahrt.

PATIENTEN

Mit Verspätung heimgekehrt, aß ich sehr eilig und ging sodann in das Wartezimmer, wo schon einige Patienten versammelt waren, besonders Frauen und Mädchen. Ein vollbärtiger älterer Offizier ging ungeduldig zwischen den Sitzenden hin und her, stellte sich vor als Hauptmann D., bemerkte, die Uhr ziehend, er müsse zum Dienst, und bat, ihn gleich vorzunehmen. Mit strengem Blick verbeugte er sich gegen die übrigen Wartenden, was offenbar ein Ersuchen um Einverständnis bedeutete, und wer hätte es dieser kriegerischen Erscheinung zu verweigern gewagt? Ich begriff, wie sehr es mein Ansehen vermehren mußte, daß eine solche Macht bei mir Hilfe suchte, obgleich mir noch der Doktortitel fehlte; eigentlich konnte ich es gar nicht glauben, und doch war es so. Kaum hatte sich nämlich die Türe des Ordinationszimmers hinter ihm geschlossen, da verwandelte sich der martialische Herr in einen bedauernswerten Hypochonder, der zwar von seinen Schmerzen in einem kommandierenden Tone sprach wie von etwas Ungehörigem, beinah Strafbarem, aber deshalb nicht weniger an ihnen litt. Immer wieder gab er mir seinen Puls zu fühlen und sah mich dabei so voll drohender Spannung an, als wollte er mir oder sich selber seinen Säbel durch den Leib stoßen, falls ich ein ungünstiges Urteil äußerte. Eigentlich tat ihm *alles* weh, besonders im Bereich der Eingeweide, doch zeigte sich an keinem Organ ein ernster Befund. Sehr ungehalten sprach er von Passaus anderen Ärzten: keiner von ihnen hätte für seine quälenden Zustände Verständnis bewiesen, einer sie sogar pure Einbildungen genannt, er werde sich ihrer keinem mehr anvertrauen. Er war nun in gewissem Sinne bei mir wirklich an den Richtigen gekommen; denn obgleich er, ohne es zu ahnen, mein jugendliches Weltbild auflockerte, in welchem bisher für einen kranken Hauptmann kein Raum gewesen war, und obwohl mir Erfahrungen, Kenntnisse und Titel mangelten, vermochte ich doch seine Leiden gleichsam mitzuleiden, auf sie einzugehen und ihn zu beruhigen. Er verließ mich mit der Versicherung seiner Zufriedenheit, ging über mein Eingeständnis, die Promotion müßte ich leider erst nachholen, mit einer geringschätzigen Handbewegung hinweg und bewahrte mir Treue, solang ich in Passau blieb.

Als ich in das Wartezimmer zurückkehrte, fiel mein Blick auf einen ganzen Strauß junger Mädchen, von denen einige, als chronische Fälle, schon zu meinen regelmäßigen Besucherinnen gehörten. Eine Unbekannte mit schwarzem rundem Strohhut und hellblauer Bluse stand, von mir abgewandt, vor der Blumemkrippe, in welcher eben einige Fuchsienstöcke voll erblüht waren. Indessen sie durchs Fenster über die Straße sah, drückte sie mit ihren feinen Fingern die festgeschlossenen roten Blütenknospen auf; der leise Knall, der dabei entstand, schien ihr Vergnügen zu machen. Bei meinem Eintreten wurde sie sich ihrer Unart bewußt, ließ die Blumen in Ruhe und kehrte mir ein erschreckend bleiches Gesichtchen zu; es war, als brächte sie Todesluft in den hellen Sommertag herein. Deutliche Schwellungen der Augenlider ließen die Art ihres Leidens erraten.

Auf einem Stuhle saß hüstelnd ein junger Priester von hektischem Aussehen, Fieberflecken auf den mageren Wangen, und las halblaut, ohne auf jemand zu achten, im Brevier.

Als ich nach kurzer Abfertigung der nächsten Kranken abermals die Tür zum Warteraum öffnete, sah eine ältere Person, die in dem einstigen Lehnstuhl meines Großvaters ruhte, aus tiefer Versunkenheit zu mir auf und erhob sich mit feierlicher Umständlichkeit, um mir zu folgen, mußte jedoch ihren Platz wiederum einnehmen; denn kätzchenhaft gewandt hatte sich schon die Bleiche mit den geschwollenen Augenlidern vor ihr hereingeschmiegt und mir erklärt, sie könne nicht warten, sie dürfe den Rottaler Zug nicht versäumen. Sie war schon bei anderen Ärzten gewesen und wußte, worum es ging: aus einer ganz neuen roten Ledertasche nahm sie ein mit Watte umwickeltes Fläschchen voll weinheller Flüssigkeit, die ich untersuchen sollte. Beim Sprechen und Lachen zeigte sie regelmäßige Zähnchen von bläulichem Weiß; das Zahnfleisch aber hatte die Farbe sehr blasser Korallen. Während ich nun mit Reagenzglas und Essigsäure über dem Spiritusflämmchen wie Zeus mit der goldenen Waage der Moira hantierte und das Los der Armen so tief sinken sah, daß mir aller Groll wegen der aufgesprengten Fuchsienknospen verging, legte sie die Watte ordentlich zusammen und verwahrte sie in der roten Tasche. Plaudernd weihte sie mich in ihre Sorgen und Hoffnungen ein: dem elterlichen Geschäft zuliebe müsse sie bald heiraten und schon aus diesem Grunde rasch gesund werden.

Augenscheinlich fehlte ihr die volle Einsicht in den Charakter ihres Leidens. Dieses wurde damals meistens noch nach dem Namen des englischen Arztes, der es zuerst erkannt und seinen Verlauf beschrieben hat, als Brightsche Krankheit bezeichnet. Sie galt als unheilbar und pflegte in zwei, drei Jahren tödlich zu enden. Es gab noch keinen Professor Franz Volhard, der später wunderbare Rettungen bewirkte, indem er seinen Patienten als Vorbedingung jeder Kur die vollkommene Enthaltung vom Kochsalz befahl. Was haben wir einstmals den Nierenkranken nicht alles widerraten! Pfeffer, Paprika, Ingwer, Kardamom, Wein, Bier, Essig, dieses alles sollten sie meiden wie Gift, und wer Geld genug hatte, wurde nach Sizilien oder nach Ägypten geschickt. Das chlorhaltige Kochsalz aber, den schlimmsten Schädling für kranke, ermüdete Nieren, erlaubten wir ihnen und gaben ihnen höchstens den Rat, seinen Gebrauch möglichst einzuschränken, womit so gut wie gar nichts genützt war, denn nur der absolute Verzicht läßt nach Volhards Lehre Heilung erwarten.

Um nicht abermals überlistet zu werden, hatte indessen die wunderliche Alte dicht an der Tür Platz genommen; sie war eine Figur, wie man sie heut auch auf dem Land vergeblich suchen würde. Sie entfaltete einen unsagbar schmutzigen Papierbogen, der schon in Stücke zerfiel, sagte, dies sei ein Gutachten des verstorbenen Dr. Lichtenstern, ich solle es lesen und, falls ich es verantworten könnte, erneuern, vor allem auch meinen Stempel darunter setzen; denn eigentlich lebe sie nur von den Unterstützungen, die sie sich durch das Vorzeigen des Attestes bei verschiedenen Ämtern, Stiftungen und einigen privaten Wohltätern verschaffe. Auf ein kräftiges neues Zeugnis hin würde man ihr vielleicht auch eine bessere Wohnung zuweisen; ihre gegenwärtige sei zu feucht, und leider habe sie böse Nachbarinnen, darunter eine richtige Hexe, die ihr immer den Rheumatismus anzaubere, bald in die Kniee, bald in die Schultern oder in die Hüften. Während ich den haarfein geschriebenen Zeilen entnahm, daß Fräulein Ida Krompaß, Appellationsgerichtsratsdienerstochter, wegen eines Herzklappenfehlers nicht mehr arbeitsfähig sei, begann sie sich zu entkleiden und sagte, das Zeugnis wäre schon vor acht Jahren ausgestellt, ihr Zustand jedoch seither noch viel schlimmer geworden.

Sie hatte sich für die Untersuchung, ihrem Geschmack entspechend, hinreißend fein gemacht. Ihr Haar, nur wenig ergraut, war zu zwei Wellen emporfrisiert, die sich wie die Mitrazipfel eines Hohenpriesters gegeneinander neigten, und zwischen diesen beiden Bögen stand ein winziger Strauß von künstlichen Vergißmeinnichtblüten. Das Hemd war eine Sehenswürdigkeit aus alter Zeit; es bestand fast nur aus echten Spitzen, doch waren überall Schleifen angebracht, hergestellt aus den bekannten gelben Seidenbändern, mit welchen Zigarren gebündelt werden, man konnte sogar noch Bezeichnungen darauf lesen wie Havanna, Coreos und Flor Fina. Über der müden Haut sah dies alles ein wenig aus wie Mumienschmuck; ich beeilte mich mit Abklopfen und Behorchen und begann sogleich ein überzeugend nachdrückliches Attest zu verfassen, als mir auf einmal bewußt wurde, daß die ganze Mühe vergeblich war. Wegen des mangelnden Doktortitels hatte ich mir noch keinen Stempel anfertigen lassen und fand mich nun genötigt, die Alte zu bitten, sie möge sich doch zu einem anderen Arzt begeben, da ich ihr nicht zumuten könne, das Vierteljahr bis zu meiner Promotion zu warten. Sie meinte aber, das wäre nicht schlimm, sie werde sich die paar Monate noch mit dem alten Zeugnis behelfen und im November wieder vorsprechen.

Ich wollte durchaus kein Honorar von ihr haben, erfuhr jedoch, was in der Folge sich mir oft bestätigte, daß immer die Armen dem Arzt gegenüber die Noblen sind. »Nehmen Sie wenigstens diese Kleinigkeit!« sagte sie, legte ein winziges Briefchen auf den Tisch und ließ merken, daß eine Zurückweisung sie beleidigen würde. Ich entgegnete, das Zeugnis wäre doch vorderhand noch gar nicht geschrieben, und legte das Briefchen in eine leere Malachitschale neben mein Hörrohr. Als kleine Gegengabe wollte ich ihr ein Herzkräftigungsmittel schenken, welches damals hoch gepriesen und von einer Firma allen Ärzten zugesandt wurde; sie wehrte fast ängstlich ab: beinahe sah es aus, als wollte sie gern ihre Krankheit behalten, die ihr immerhin ein bescheidenes Einkommen sicherte.

Zwei Leute, die nun kamen, wollten ihre Rechnungen begleichen; sie zahlten mit Goldstücken, und obgleich das in jener wohlhabenden Friedenszeit nichts Ungewöhnliches war, empfand es meine Jugend doch als Anerkennung.

Während ich so an dem schönen Sommertag dahinordinierte, gingen die Gedanken ihre eigenen Wege; sie verstärkten aber alle nur in mir die Überzeugung, daß die Form der Existenz, in welche ich nun tief und tiefer hineingeriet, nicht die von Natur und Schicksal mir zugedachte war. Was ich mir erträumte, war ein ungebundenes Leben ohne strenge Verpflichtungen, mit vielen Spaziergängen und weiten Reisen, wobei zuweilen ein Gedicht entstand, und ich wußte, daß ich auf dieses Ziel immer hinstreben würde. Vorerst freilich mußte meine Sehnsucht ein Geheimnis bleiben; dies war aber in der kleinen Stadt kaum durchführbar. Ich begriff, daß man eine Maske tragen und seine Flügelanlagen unkenntlich machen müsse, um hier als normales, also wertvolles Geschöpf zu gelten und nicht etwa in den Ruf eines Ausnahmemenschen zu kommen, der nicht nur für mich selber, sondern auch für das Ansehen des Vaters höchst schädlich werden konnte.

Nach der letzten Konsultation blieb ich ein Weilchen allein, schrieb einiges auf und öffnete aus purer Zerstreutheit, eigentlich gegen meine Absicht, das Briefchen der armen alten Appellationsgerichtsratsdienerstochter; es enthielt zu meiner Beschämung ein Goldstück. Im Augenblick fiel mir der große Paracelsus ein, der den Markgrafen Philipp von Baden von der Ruhr geheilt hatte und dafür von dem fürstlichen Betrüger um sein ausbedungenes Honorar geprellt worden war. Der bettelarmen Alten aber war ich die Ausfertigung des Attestes noch schuldig geblieben und hielt dennoch schon den überreichen Lohn in der Hand. Dies bedrückte mich ein wenig, ließ aber einen Plan in mir zur Reife kommen. Auf einem Zettel begann ich mir auszurechnen, wie viele solcher Münzen ich mir jeden Monat würde zurücklegen müssen, um nach etwa fünfzehn Jahren von den Zinsen leben zu können, also jene Unabhängigkeit zu gewinnen, die Schopenhauer für den geistigen Menschen als wünschenswert, ja sogar als notwendig erklärt. Nie sollte natürlich der Goldschatz angetastet werden, und meine Bedürfnisse beschloß ich auf ein Mindestmaß herabzusetzen. Nach fünfzehn Jahren war ich vierzig und konnte mein weiteres Leben so anwenden, wie Schopenhauer meinte.

Ermutigt von meiner Überlegung, sah ich durch das offene Fenster in den heißen Tag der Bahnhofstraße hinab. Der Optiker Kaps, der sein Geschäft im Erdgeschoß betrieb, hatte zur Werbung über dem Laden einen riesigen Zwicker angebracht, durch dessen violette Gläser die Sonne zwei bläuliche Ovale auf die Steinplatten des Bürgersteigs warf. Ein Mann in Eisenbahneruniform trat mit einer Frau in den farbigen Schein; die beiden schienen auf dem väterlichen Arztschild meine Sprechstunde zu lesen. Langsam gingen sie weiter, kehrten an der Straßenecke um, besprachen sich wieder an der Haustür. Die Frau deutete noch einmal auf meine Namenstafel; dann traten beide mit entschlossener Wendung in das Haus, und gleich darauf ging die Glocke.

Im Wartezimmer stand ein kleiner Mann, der sich als Bahnschaffner Thomas vorstellte, neben ihm seine etwas größere Frau mit gekräuseltem Haar über der Stirn und hübschem Gesicht; ihre Begrüßung klang österreichisch. Beide waren sichtlich bedrückt. Sie sprachen von ihrem siebenjährigen Söhnchen, dem Wolfi, berichteten, er wäre seit ein paar Monaten lungenkrank und kein Mittel rühre bei ihm an. Ihre Schilderung machte mir den Fall nicht klarer, und sie nahmen es dankbar an, als ich mich bereit erklärte, gleich mit ihnen in die Wohnung zu gehen und den Kleinen zu untersuchen.

Er lag fiebernd im Bett, mit einem blauen Wolljäckchen bekleidet, und weinte ein wenig, als seine Mutter ihn auszog, verhielt sich aber dann ganz ruhig. Der linke Lungenflügel blieb beim Atmen etwas zurück, und mit dem Husten kam blutiger Eiter. Die Lunge war also angegriffen, das konnte niemand bezweifeln; dennoch befremdete das Krankheitsbild, ich vermochte es nicht so ohne weiteres in meine Tuberkulosefälle einzureihen.

Vater und Mutter waren sichtlich gesund, überhaupt niemand in der Familie jung verstorben. Auf die Frage nach früheren Krankheiten erfuhr ich, er habe als Zweijähriger die Masern gehabt und sei dann lange Zeit gesund geblieben. »Einmal nur«, erinnerte die Mutter, »hat er uns einen rechten Schrecken eingejagt; es war die Zeit, wo er anfing, in die Schule zu gehen. Denken Sie nur: ich sitze neben ihm und stricke und sehe, wie er mit meinem Uhrschlüsserl spielt. Meine kleine Taschenuhr war ja noch eine von den altmodischen, die man mit einem winzigen Schlüssel aufziehen mußte. Ich gehe einen Augenblick aus dem Zimmer, und wie ich zurückkehre, schaut es aus, als müßte er ersticken, er kriegt keine Luft, wird zwetschgenblau, pfeift und gurgelt und schnauft wie beim Keuchhusten. Ich hab gleich nach dem Herrn Bahnarzt geschickt; als der kam, war der Wolfi schon ruhiger, und nun gestand er dem Herrn Doktor ein, er habe das Schlüsserl verschluckt. Ach, die Kinder! Sie müssen alles in den Mund nehmen.« – »Und was hat ihm der Herr Doktor verordnet?« – »Viel Sauerkraut essen und Brot und Bandnudeln, um das Ding einzuwickeln, damit es den Darm nicht verletzt.« – »Ist es zum Vorschein gekommen?« – »Sicherlich.« – »Haben Sie's gesehen?« – »Das gerade nicht. Auf das viele Sauerkrautessen hin hat er Leibschmerzen bekommen und auf den Abort laufen müssen, da wird es wohl abgegangen sein.« – »Und womit ziehn Sie nun Ihre Uhr auf?« – Sie zeigte lächelnd ihr Handgelenk: »Seit meinem Namenstag trag ich eine Armbanduhr.« – »Und seit wann hustet der Wolfi?« – »O das ist wohl schon ein halbes Jahr.«

Ich verschrieb ein Mittel gegen Fieber und Husten und ging in das Café Wittelsbach; dort gab es ein abseitiges Rundtischchen, das meistens frei war und sich sehr eignete, um über manches nachzudenken.

Alles will geübt sein, auch das Maskentragen; ich machte nur langsam Fortschritte darin. Noch immer ging es mir sehr nah, wenn einer meiner Patienten starb, und manchmal schrieb ich den Hinterbliebenen gefühlvolle Kondolenzbriefe; dann kam es vor, daß diese Bekundung des Mitgefühls als Eingeständnis unrichtiger Behandlung aufgefaßt wurde.

Immer wieder vergaß ich auch, wie vorteilhaft es ist, so zu tun, als wüßte man alles. Nur die großen ärztlichen Berühmtheiten durften sich's damals erlauben, wenn jemand sie nach dem Wert eines neuen Mittels fragte, mit jovialem Lächeln zu sagen: »Ich kenne es nicht, ich habe keine Erfahrung darüber.« Sie schadeten dadurch dem Ansehen des Mittels, keineswegs ihrem eigenen; bei dem Anfänger war es umgekehrt. Heute ist jeder Laie, falls er nur seine Tageszeitung aufmerksam liest, über die Eigenschaften neuer Mittel ziemlich genau unterrichtet.

Nach und nach lernte ich Kollegen kennen, meistens wohlwollende, zuweilen auch andere. Ein neu zu Rate gezogener Arzt, der den Leuten bereits Autorität geworden ist, kann seinen noch unbewährten Vorgänger ohne ein Wörtchen des Tadels durch ein bloßes Achselzucken, eine ironische Miene, ja durch seine scheinbar ganz korrekte, ganz allgemein gehaltene Bemerkung dermaßen schädigen, daß nicht so leicht wieder ein Gräslein des Vertrauens wächst.

In jenen ersten Sommer meines ärztlichen Wirkens fiel ein Erlebnis, das mich vielleicht nur deshalb nicht aus der Fassung brachte, weil ich seine Bedeutung nicht ganz begriff.

Die Mutter eines jungen Mädchens, das der Lungenschwindsucht erlegen war, ließ mich am Tage vor dem Begräbnis rufen, um mit mir über den Tod ihrer Tochter zu sprechen. Die Fragen, die der Arzt in solchen Fällen zu hören bekommt, sind fast immer die gleichen: Hätte der schlimme Ausgang nicht vermieden werden können? Ist wirklich alles Notwendige geschehen? – Aber nichts dergleichen vernahm ich. Das Haus lag am Kleinen Exerzierplatz, wo gerade eine

Dult stattfand, und unser Gespräch ging manchmal fast unter in der Blechmusik der großen Bierzelte, in dem wilden Tremolieren der Moritatensänger. Die Frau, die wohl nicht recht wußte, wie sie ihr Gefühl in Worte bringen sollte, war immer sehr in sich gekehrt gewesen; ich hatte ihr einmal zugesehen, wie sie die kranke Tochter wusch und kämmte. Diese war außerhalb des Bettes auf einem Stuhl gesessen, während die Mutter mit Kamm und Bürste schweigend hinter ihr stand. Das Mädchen hatte lächelnd meine Verordnungen entgegengenommen und freundlich geplaudert; dabei waren immer wieder aus den Augen der Mutter Tränen in das dichte blonde Haar der Tochter gefallen, die nichts davon merkte.

Jetzt schien die arme Frau in Grübelei versunken, unterdrückte einen schmerzlichen Ton, der sich ihrer Brust entringen wollte, kniete sich auf das leere Bett der Verstorbenen, erhob die Hände und preßte leidenschaftlich ihren Mund an die Wand. Man sah dort auf der hellen Tapete die dunklen Abdrücke, welche die feuchten Hände der Kranken hinterlassen hatten, wenn sie bei ihren Schmerz- und Erstickungsanfällen einen Halt suchte. Diese Stellen bedeckte die Mutter mit verzweifelten Küssen. Endlich schien sie beruhigt; aber das war nur äußerlich. »Ich will aufrichtig mit Ihnen sprechen«, sagte sie mit großem Ernst und lächelte unheimlich. »Sie wissen es, daß meine Anny nicht tot ist, und ich weiß es auch. Erbarmen Sie sich, lieber Herr Doktor, gehen Sie mit mir hinüber nach St. Severin! Mir würde der Herr Leichenwärter Graf die große Glashalle nicht aufsperren; Ihnen aber kann er es nicht verweigern. Ach, sie ist ein so rücksichtsvolles Kind; sie will niemand kränken, auch Tote nicht, und wenn sie scheintot, aber bei Besinnung ist, wird sie sich nichts anmerken lassen. Sie werden es feststellen.« Es wäre gewiß mein gutes Recht, wo nicht meine Pflicht gewesen, das verrückte Ansinnen zurückzuweisen; aber die sonderbare Veranlagung, die mich auch im späteren Leben manchmal hinderte, sinnlosen Zumutungen aus dem Gleichgewicht geratener Menschen ein schroffes Nein entgegenzusetzen, lähmte jeden vernünftigen Entschluß. Die Mutter hörte meine Entgegnungen höflich an, ohne mit einer Silbe darauf einzugehen. »Sie werden es feststellen«, wiederholte sie zuversichtlich. Wie es in ihrem Innern aussah, enthüllte sich, als wir die Wohnung verließen und durch ihren kleinen Gartenhof gingen. »Diese schwarzen Samtstiefmütterchen hätte ich nicht pflanzen sollen«, meinte sie, »die haben das Unglück gebracht.«

Wir fuhren mit der Seilfähre über den Inn. Die Reihe der Ufergebäude war wie ein Traum von südlicher Stadt. Wir fanden den alten Wärter der Toten, der eben auf seiner grünen Gartenbank ein wenig nickte, jedoch keinen Unwillen über die Störung seiner Sonntagsruhe verriet. Er hatte gewiß viel Sonderbares in seinem langen Leben gesehen und holte den erbetenen Schlüssel mit der erhaben ironischen Miene eines Menschen, der ein für allemal entschlossen ist, sich über nichts mehr zu wundern.

Das Ganze vollzog sich schnell. Schon der Geruch im Raum der Aufgebahrten trieb zur Eile, und nach Besichtigung der bläulich roten Verwesungsflecke, als das Mädchen mit seinem todveredelten, aber schon sehr eingesunkenen und etwas puppenhaft gewordenen Gesicht wieder festlich zwischen den Mitverstorbenen lag im weißen Kleide mit Myrtenkranz und zurückgeschlagenem Schleier, da schien die Mutter tief erwacht und ernüchtert; sie weinte still in sich hinein und konnte ganz verständig sprechen, während mich das Gefühl, einen Frevel begangen zu haben, nicht sogleich verließ.

Wie uns aber zuweilen in bewegten Augenblicken die entlegensten Dinge durch den Kopf gehen, so fiel mir während des kurzen Gesprächs, mit dem wir uns draußen vor dem Gittertor verabschiedeten, das kranke Söhnchen des Bahnschaffners ein, und es war mir wie in einer Erleuchtung vollkommen klar, was ein erfahrener Kliniker gewiß von Anfang an vermutet hätte, daß nämlich das Uhrschlüsselchen von dem kleinen Wolfi keineswegs verschluckt, sondern, wie der ärztliche Ausdruck lautet, aspiriert, also eingeatmet worden war, daß man im Magen und Darm vergeblich danach suchen würde, weil es nur in der Lunge stecken konnte.

Vom Friedhof aus erstieg ich die sanfte Anhöhe, deren unteren Teil er einnimmt, setzte mich auf einen der Felsblöcke, die droben den Wiesengrund unterbrechen, und ließ Vergangenheit und Gegenwart vorüberziehen. Die Jahre der Kindheit, wo man glaubte fliegen oder über das Wasser laufen zu können, wie weit lagen sie zurück! Noch empfand ich wohl mein Wesen als leicht, stark und verwandelbar; aber was für beschwerende Dienste verlangte das Leben bereits von ihm! Und der Tod, das große Geheimnis, mußte er mir durch den täglichen Umgang nicht immer gewöhnlicher werden, der Entweihung verfallen?

Vom Dultplatz lärmte die Musik herüber; drunten aber stieg die schwarz gekleidete Gestalt der Mutter in die Fähre, die nun langsam den schnellen Inn überschwamm. Ich sah die feierlich festliche Stadt in dem schräger fallenden Nachmittagslicht, fühlte mich rätselhaft mit ihr verbunden und wußte nicht, ob ich sie haßte oder liebte.

Den Rückweg von der Friedhofshöhe nahm ich über den Dultplatz, wo mir der Feiertag recht zum Bewußtsein kam. Der Trubel war ungeheuer, verlor sich aber doch in dem vibrierenden Getön der Moritatensängerinnen. Mitten im Gedränge stand mutterseelenallein das Mädchen aus dem Rottal, die hübsche Todgeweihte mit den geschwollenen Augenlidern, vor der großen amerikanischen Schaukel, sichtlich zweifelnd, ob sie sich einer der buntbemalten Gondeln anvertrauen sollte. Die rote Ledertasche vermißte ich an ihr; dafür hing ein riesiger Hut aus blauem Krepp-Papier an ihrem linken Arm; augenscheinlich hatte sie ihn in einer Schießbude gewonnen. Als ich hinter ihr vorüberschleichen wollte, drehte sie sich eben um, grüßte ganz unbefangen, klagte, als ich nach ihrem Befinden fragte, nur über etwas Kopfweh und gestand nicht ohne Stolz, fünfundzwanzigmal nacheinander habe sie geschossen und nicht ein einziges Mal gefehlt, aber das wäre doch ein wenig aufregend gewesen; immerhin gehöre ihr nun der Hut. Auf acht Uhr abends habe sie sich mit befreundeten Nachbarn aus Ruhstorf zusammenbestellt, bis dahin wäre sie frei, und wenn sich der Herr Doktor nicht geniere, mit ihr in der Geisterbahn oder gar auf der amerikanischen Schaukel zu fahren, so hätte sie auch einmal einen Glückstag. Wir stiegen in die Geisterbahn, und zutraulich schmiegte sich das kranke Mädchen bei den gespenstischen Begegnungen, die nur noch schauerlicher wurden, als die gellende Singmaschine den Caruso ein Agnus Dei singen ließ, in meinen Arm. Sie sah sehr angegriffen aus, als wir wieder ans Tageslicht kamen, und wenn ich auch noch ein Weilchen zögerte, mich angesichts des gesamten Passauer Sonntagspublikums mit ihr auf der amerikanischen Schaukel zu schwingen, so wußte ich doch, daß ich ihr in der kurzen Zeit, die sie voraussichtlich noch zu leben hatte, nichts mehr verweigern würde. Vorerst führte ich sie zum Taucher, der nur wenig Zuspruch fand. In einem riesigen, bis zum Rande mit klarem Wasser gefüllten Glaskasten bewies er seine entzückenden Fähigkeiten. Er warf Händevoll Muscheln ins Wasser; dann stieg er ein, sank zu Boden und sammelte die schönen Meergebilde, während ihm langsam der Atem aus dem Munde perlte, wieder in einen Korb. An die Luft zurückgekehrt, ließ er sich die Hände binden, versank abermals und blieb lange gefesselt unter Wasser. Leute vom Land hatten die zwei ersten Bänke besetzt, und während die Bude geschlossen blieb, konnte ein junger Bursche mit feschem grünem Hut seine Neugier nicht bändigen und hob mit seinem Weichselstock den Vorhang hoch, worauf sofort groß und klein herandrängte, um das Dahinter zu sehen; doch eine drinnen beschäftigte Frau versetzte ihm, freundlich blickend, mit einem Stab so wohlgezielte Schläge auf sein Handgelenk, daß er mit einem Aufschrei seinen Weichselstecken auf die Bühne fallen ließ, worauf sie, zwischen den Vorhängen hervorlächelnd, sagte: »Gell, Sie entschuldigen schon«, dem

Jüngling sein Eigentum zurückgab und gleich wieder verschwand.

Alle folgenden Kunststücke konnten aber die Sehnsucht meiner Patientin nach der amerikanischen Schaukel nicht unterdrücken; mit kindlicher Inständigkeit wiederholte sie so lange ihren Wunsch, bis ich dem wilden Lebensdrang des bleichen Kindes nicht mehr widerstehen konnte. Caruso sang von der Geisterbahn herüber, der Wärter brachte die Gondel zum Schwingen, und die kleine Partnerin, die mit der linken Hand den blauen Papierhut nicht loslassen wollte, umklammerte mit der Rechten angstvoll meinen Arm. Daß die Fahrt sie stark angreifen würde, hätte ich voraussehen müssen; sie verließ nach der ersten Runde die Schaukel, von Brechreiz gewürgt, den sie nicht weiter wichtig nahm, während er mich mit Sorge erfüllte. Die Gefahr der tödlichen Harnvergiftung schwebt ja stets über solchen Kranken, und auch das immer zunehmende Gähnen konnte Böses bedeuten. Sobald sie sich jedoch droben im Stadtpark auf einer Bank ausgeruht und die Augen geschlossen hatte, bettete sie den Kopf bequem an meine Schulter und schien ganz gesund. Mir aber lag die Szene von St. Severin noch viel zu nah: Angst, Mitleid, Furcht vor dem eigenen und vor dem fremden Willen, Grauen vor dem verlorenen Leib, der sich so unheimlich arglos an den meinen drängte, zugleich Erinnerung an ihren ersten Besuch, wo sie die Fuchsienknospen zum Aufspringen brachte, Gefühl des Wechsels zwischen männlichen und beinah mütterlichen Gefühlen. Ich legte mein Ohr auf ihre linke Brust und horchte auf die Herztöne; sie waren überstark, dabei von einem leisen Schwirren begleitet. Einmal wandte sie mir ihr weißes Gesicht entgegen und fing ruhig zu sprechen an: »Ich muß Ihnen was beichten, ganz was Dummes wahrscheinlich, und wenns nicht schon so still und so dunkel wäre, würde ichs für mich behalten. Daß ich nicht mehr lang lebe, weiß ich; der alte Herr Hofrat in Fürstenzell hat es meiner Mutter gesagt. Nun wünsch ich mir freilich immer noch manchmal, daß er sich irrte, daß wir zwei Mann und Frau wären und miteinander Kinder hätten. Aber er ist ein gescheiter, ein ehrlicher Mann; er täuscht sich nicht und lügt auch nicht. Und dann kommen auch wieder vernünftige Stunden, da wünsch ich mir nur, daß wir beisammen wären, wenns hinübergeht; vielleicht hätte ich dann weniger Angst. Der Herr Hofrat meint, bis November könnte es etwa soweit sein. Jetzt wissen Sie also ungefähr, wie's oft in mir ausschaut. Und jetzt möcht ich in die Dult hinunterlaufen und gleich zweihundertmal nacheinander schießen – o weh, mein blauer Hut, wo ist er hin?« Er lag unter der Bank; ich hob ihn auf, sie streifte ihn sorgfältig zurecht.

Als ich nach ein Uhr zu meiner Wohnung kam, lag in dem gelben Blechkästchen ein grüngeschriebener Brief in einem weißen Umschlag; die Schrift war altmodisch regelmäßig, wie von einer Lehrerin, als Name nur *Ignota* unterzeichnet:

›Forsche nicht, wer diese Zeilen an Dich richtet! Zweierlei verrat ich Dir: ich bin dreißig Jahre älter als Du, also gewissermaßen ungefährlich für Dich. Außerdem hab ich die Ehre, eine Freundin Deines Vaters zu sein; zu ihm hab ich mehr Vertrauen als zu den meisten anderen Leuten; daher auch meine Sympathie für Dich. Werde nicht ungeduldig, wenn ich Dich über unsere schöne Stadt und ihre lieben Bewohner ein wenig aufkläre! Du hast schon Feinde hier; aber das muß Dich nicht hochmütig machen. In einer kleinen Stadt ist jeder des andern Freund oder Feind. Manche finden es würdelos, daß Du Dich mit ›Herr Doktor‹ ansprechen läßt, ohne es zu sein. Ich denke, wir wissen beide, wie wenig solche Titel heute noch bedeuten; trotzdem wirst Du dies wohl bald in Ordnung bringen.

Daß Du jedem Deiner Herren Kollegen einen Besuch machen und Deine Visitenkarte bei ihm abgeben mußt, daran scheinst Du auch noch nicht gedacht zu haben; aber es ist einmal Sitte und hat auch seine Vorteile.

Ein anderer Punkt ist wichtiger. Ich bin eine Alt-Erfahrene, kenne Männer und Weiber und weiß, daß manche Krankheiten der Mädchen und Frauen ganz ohne Zärtlichkeit nicht heilbar sind. Ob Arzt, ob Lehrer, ob Seelsorger – Eros mischt sich überall ein –, ohne ihn läßt auch der liebe Gott keine Wunder geschehen. Zuweilen hat schon ein inniges Wort heilende Kraft genug; aber den meisten Naturen genügt dies nicht; dann prüfe, Freund, wem Du Dich anvertraust! Mehr sage ich heute nicht.

Schade, daß man Dir bisher noch niemals im hohen Dom begegnet ist; aber ich darf wohl annehmen, daß Dich die Nähe so vieler Menschen bedrückt. Dein Vater nennt Dich einen Sonderling; er meint, Du wärst gar nicht so bescheiden, wie Du manchem vorkommst, und wenn Du nicht als Bischof oder Kardinal am Altare oder auf der Kanzel stehen kannst, so bliebest Du lieber daheim bei Deinen Büchern. Laß Dir immerhin raten: besuche zuweilen an einem Werktag die kleine Kreuzwegkapelle neben dem Dom! Es gibt in der Stadt keinen stilleren Raum. Dort findest Du auch die schönsten Grabplatten aus ältester Zeit mit Inschriften, die Dir vieles erklären können! Lebe wohl! Ich wohne außerhalb der Stadt und doch nicht weit von Dir, werde aber ewig bleiben Deine Ignota.‹

DER GANG ZUM GRÜNEN SCHUH

Der Vater war dem Tode gegenüber nach und nach etwas diktatorisch geworden, und er konnte Goethe die Verse des Faust nicht verzeihen, in denen er sich über die Medizin lustig macht. Er meinte, sie hätten in einer Zeit wie der unsrigen keine Berechtigung mehr, und es kam vor, daß er einem Kranken zürnte, wenn dieser sich weigerte, durch seine Mittel gesund zu werden. Wie Dante im Inferno die verworfenen Seelen haßt, so grollte er den Unheilbaren. Er veröffentlichte in Zeitschriften Aufsätze, denen er durch überzeugende Krankheitsgeschichten ein stärkeres Gewicht zu geben suchte; dadurch hoffte er immer wieder Laien wie Kollegen mit seinen Gedankengängen zu befreunden. Unter der Gleichgültigkeit der Welt litt er mehr, als er sich anmerken ließ; er wurde noch schweigsamer, verfiel auch körperlich, und als ihn die Mutter überredete, doch einen Kurort aufzusuchen, widersprach er nicht, sondern bereitete nach kurzem Überlegen die Reise vor. Als er andeutete, er wolle zunächst in München seinen alten Freund aus der Studentenzeit, den Geheimrat Jochner, besuchen und konsultieren, da war sie vollkommen zufrieden, und es beunruhigte sie keineswegs, daß das eigentliche Reiseziel im Ungewissen blieb. Zu Jochner hatte sie Vertrauen; er war als Arzt gewissenhaft und besonders als Diagnostiker vortrefflich; auch ging er in der politischen Welt mit einer kleinen Schar von Gesinnungsgenossen seinen eigenen Weg. Er gehörte zu den sogenannten nationalen Katholiken, die dem Kaiser geben wollten, was des Kaisers, und Gott, was Gottes ist, war ihr also im innersten Gefühl verwandt. So sah sie den Vater auf guter Bahn und machte sich auch über den Sohn wenig Sorgen. Mit diesem stand es freilich nicht so einfach, wie sie meinte. Sein inneres Leben suchte einen Weg, den ihm sein äußeres zu verstellen drohte, und doch war die eigene Veranlagung seine größte Gefahr; es fehlte ihm an Selbsterkenntnis und Selbstbeherrschung, und er hatte sich noch nicht zur großen Geduld erzogen.

Wenn in kriegerischen Zeiten ein junger Pazifist, ein rechter Heeresdienstverweigerer, eines Tages doch einberufen und in die Armee hineingezwängt wird, so mag er sich anfangs im stillen ewige Widersetzlichkeit geloben, bis er nach und nach den Segen einer strengen Ordnung spürt; dann wird er nachdenklich werden und sich in manches finden. Hat er aber einmal den Gefreitenknopf am Kragen oder gar ein Bändchen an der Brust, das ihn vor anderen auszeichnet, so muß er schon ein felsenharter Staats- und Kriegsgegner sein, um die ursprüngliche Abneigung zu bewahren und nicht ein braver Soldat zu werden. Der Vater hatte vor seiner Abreise geäußert, er könne nun beruhigt in den Urlaub gehen, weil er seine Patienten in so guten Händen wisse, und wenn er mit dieser Bemerkung einen erzieherischen Zweck verfolgte, so erreichte er ihn vollkommen. Es war gewissermaßen ein Orden, den er mir dadurch verlieh; er erhöhte mein Selbstgefühl, ich vergaß das edle Vorbild des Empedokles, ›des Todfeindes aller einseitigen Existenz, des zur Verachtung alles sehr bestimmten Geschäfts gestimmten Denkers‹, wie Hölderlin ihn bezeichnet, und mein Widerstand war für eine Weile gelähmt.

Anfangs erhielten wir von unserem Reisenden nur kurze Nachrichten auf Postkarten, dann einige Zeit keine mehr. Eines Morgens endlich brachte mir unsere Bötin, die Häusl-Resi, ein Kärtchen der Mutter, die mir in wenigen Zeilen mitteilte, es wären drei überraschende und bedeutungsvolle Briefe des Vaters aus Meran gekommen, über die wir uns aussprechen müßten, sie erwarte mich zum Mittagessen. Die Häusl-Resi, etwa dreizehn Jahre alt, fuhr täglich nach Passau, um dort Nähen zu lernen; zugleich besorgte sie den Dorfleuten allerlei Waren und brachte Nachrichten hin und her. Sie war verwaist und wohnte bei ihrer Großmutter; alle kannten sie und ihre wunderlichen Eigenheiten, von denen sie sich nicht abbringen ließ. Wenn sie am Abend heimkehrte und in Seestetten angekommen war, ging sie nie sofort zum Ausgang, sondern lief geschwind, ehe der Zug weiterfuhr, zur Lokomotive, um den Herrn Zugführer zu grüßen und ihm für die glücklich verlaufene Fahrt zu danken. Wenn er dann lachte und meinte, wegen der zwanzig Minuten wär's doch nicht nötig, und man müßte aus der Haut fahren, wenn es alle so machen wollten, wurde sie rot, senkte tief den Kopf und erklärte ernst und leise: »Es gehört sich.«

Die Mutter ging mir durch den Garten entgegen, begleitet von ihrem weißen Spitz, der mich mit fröhlichem Gebell begrüßte. Sie trug die Ohrringe, mit denen ich sie am liebsten sah: kleine Halbkugeln von Lapislazuli mit winzigen Diamanten inmitten der Wölbung. Bei dem Apfelbäumchen, das wir vor drei Jahren gemeinsam gepflanzt hatten, blieb sie stehen und zeigte mir die zwei ersten grünen Früchte.

Den Briefen des Vaters wollte sie nicht vorgreifen; sie wären, sagte sie, an verschiedenen Tagen geschrieben, dann auf irgendeinem Postamt liegengeblieben und nun alle auf einmal nachgesandt worden, das Lesen würde also etwas lange dauern. Wir könnten gleich nach dem Mittagessen einen Waldgang unternehmen, da hätten wir Zeit und wären ungestört. Bei Tische aber sollte ich ihr ein wenig von meinen Kranken erzählen. »Hast du übrigens dein Hörrohr bei dir? Auf einer kleinen Höhe über dem Setzenbachtal wohnt ein unsriger Vetter; geh doch zu ihm hinauf und schau ihn dir an! Er hat die Wassersucht und atmet schwer, ist aber nie richtig behandelt worden, war bei heilkundigen Frauen, die ihn mit Zeichen und Formeln gesundbeten wollten, trinkt allerlei Tee und dergleichen. Das Beste ist und bleibt der purpurne Fingerhut, die Digitalis, damit kannst du ihm das Leben vielleicht um zwei, drei Jahre verlängern. Wie groß die Gabe sein darf, weißt du selbst.«

Während wir auf das Haus zugingen, erinnerte sie daran, daß die Schwester ihr Examen in der Haushaltschule zu Deggendorf bestanden habe und heute ihre Kochkunst zeigen wolle. »Vergiß nicht, sie zu loben!« mahnte sie noch flüsternd, ehe wir die große Stube betraten.

An den Krankheitsfällen, die ich während des Mittagessens zur Sprache brachte, nahm sie leidenschaftlich Anteil, und als die Rede auf Mater Gonzaga kam, holte sie sogar ihren hochgeschätzten Kunze aus dem Schlafzimmer, ein Compendium der praktischen Medizin vom Jahre 1863, von dem sie einzelne Kapitel auswendig wußte. Vor allem aber beschäftigte sie der kleine Wolfi; kräftig stimmte sie mir zu, daß ich den ergebnislosen Befund des Passauer Guckkastens nicht einfach hinnehmen, sondern den Bahnschaffner mit seinem Söhnchen nach München schicken sollte. Wenn das Uhrschlüsselchen wirklich in der Lunge steckte, so würde er dort in der Poliklinik durch die Röntgenaufnahme gewiß zum Vorschein kommen.

Das ärztliche Gespräch hinderte sie nicht, nebenbei das Kaffeekochen wichtig zu nehmen; ja dies war ein Geschäft, das sie auch am heutigen Tage sich selber vorbehielt, weil es nach ihrer Meinung ein besonderes Talent voraussetzte. Reiner Bohnenkaffee war damals auf dem Lande schon wegen seines hohen Preises ein seltenes Genußmittel, und wenn sich irgendwo das Traurige ereignete, daß ein Landwirt verarmte, in Schulden geriet und schließlich seinen Hof versteigern lassen mußte, konnte man wohl seine Nachbarn oder Nachbarinnen raunen hören: »Die armen Menschen, sie tun uns ehrlich leid; aber wie hätte es anders gehen können bei dieser Verschwendung! Wir wollen ihnen gewiß nichts Böses nachsagen; aber es war ja kein Geheimnis, daß die Bäuerin und auch der Bauer am Werktag wie am Feiertag Kaffee getrunken haben.« Meine Eltern hielten übrigens das kostbare Getränk hoch in Ehren; die Mutter nannte es lebenerhaltend und bereitete es nach bestimmten Gebräuchen mit kulthafter Andacht. Trockene Tannenzapfen waren nach ihrer Meinung der einzige Heizstoff, den man zum Kaffeefeuer verwenden durfte, und die Prise Salz, die sie den gemahlenen Bohnen zusetzte, nur eines der Ingredienzien, ohne die das Werk nicht gelingen konnte.

Sie hatte heute einen benommenen Kopf und sagte, wir müßten uns bald auf den Weg machen, sie spüre Gewitterluft. Auf jeden Fall legte sie sich ihren Regenschirm zurecht. Die Schwester aber nahm für sie ein Kleidungsstück aus dem Schrank, das auf keinem Spaziergang fehlen durfte; es war ein schwarzer Umhang mit Spitzen und Perlen, der bei uns Kindern einst immer Streit hervorgerufen hatte, denn erstens wußte niemand genau, ob man die oder das Mantelette sagte, und vor allem wollte keines dem andern den Vorzug gönnen, es tragen zu dürfen.

Über dem schwülen Augusttag schwebten runde zinkfarbene Wolken, die wir aber nicht lang betrachten konnten; denn die Waldbäume schlossen uns bald für eine Weile von beiden Seiten ein und machten den Himmel fast unsichtbar. Auf einem länglichen wie eine Bank geformten Stein ließ die Mutter sich nieder und lud uns ein, links und rechts von ihr zu rasten. Hier enthüllte sie uns nun das Geheimnis der drei Briefe, deren Inhalt ich heute nur noch dem Sinne nach wiedergeben kann. Mancher Satz klang unglaubhaft, so daß ich sie bitten mußte, ihn zu wiederholen.

Der Vater war gegen Abend in Meran angekommen, hatte sich in dem kleinen ›Gasthof zum Mondschein‹ ein Zimmerchen gemietet und eine Woche lang auf Kurpromenaden und in den Anlagen die Spaziergänger betrachtet. Wer an offener Tuberkulose litt, fand schon damals in Meran keine Aufnahme; aber dem geübten Blick des alten Praktikers konnte doch unter den Promenierenden manche verdächtige Erscheinung nicht entgehen, er stellte unwillkürlich Diagnosen, las von manchem Habitus die Genesungsmöglichkeit ab, entwarf wohl auch Behandlungspläne und mochte nur bedauern, daß ihm die fremde Stadt keine Möglichkeit bot, sich den leidenden Menschen mit seiner Kunst zu nähern.

Aber auch hier zog der beharrliche Geist mit geheimen Kräften die Geister herbei. Die Liste der Kurgäste brachte unter Hunderten von Namen auch den des Vaters, und schon am nächsten Tag empfing er Besuch. Es war Dr. Arnschinck, ein Freund aus der Universitätszeit, der bei ihm anklopfte, nach seinem Befinden fragte und der Hoffnung Ausdruck gab, es werde doch nicht etwa eine ernstliche Erkrankung den Kollegen nach Meran geführt haben. Arnschinck hatte im nämlichen Jahr wie er seine ärztlichen Prüfungen bestanden, war jedoch später durch seine Frau in den Besitz des großen Hotels ›Meraner Hof‹ gelangt und hatte allmählich den lebendigtätigen Zusammenhang mit der Heilkunde, nicht aber den Sinn dafür verloren. Er hielt noch immer medizinische Zeitschriften, und in der ›Ärztlichen Rundschau‹, die Dr. Arno

Krüche in München herausgab, war ihm ein Aufsatz des Vaters vor Augen gekommen, auf den er nun sogleich die Rede brachte.

Im Gespräch scheint nun der Vater eine Gabe bewahrt zu haben, die man dem einsilbigen, stets um Wort und Ausdruck verlegenen Mann am wenigsten zugetraut hätte; er vermochte gerade die vorsichtigen, die zweiflerischen Naturen zu überzeugen. Selbstbewußte, schlagfertig redende, gewichtig auftretende Mediziner mochte der menschenkundige Hotelwirt zur Genüge kennengelernt haben. Dagegen war ein grüblerischer, jedes Wort überlegender, mit stillem Humor begabter Landarzt, mit dem ihn überdies Jugenderinnerungen verbanden, zum mindesten eine Merkwürdigkeit für ihn, und als jener ihm die Hauptlinien seines Verfahrens näher erklärte, war er schnell gewonnen. Arnschinck bemerkte später einmal, gewisse Wesenszüge des Vaters hätten ihn an alte Paracelsusbilder erinnert. Aber das mußten sehr verborgene Züge gewesen sein; denn die feurig mächtige, zum Bekennen und Künden stets bereite Naturschau des großen Aufklärers und Landfahrers war keineswegs die Art des Vaters; vielleicht fehlte sie der Zeit überhaupt. Wie damals noch niemand ahnte, daß vierzig Jahre später die Kettenreaktionen der Atome als ungeheuere Drohung über der Menschheit schweben würden, so dachte auch noch niemand an Sulfonamide, Penicillin, Streptomyzin und andere scharf in die Physis eingreifende Heilmittel, und ein ausübender Arzt konnte noch guten Gewissens hoffen, durch einfache in Pflanzen und Mineralien enthaltene Stoffe starke Wirkungen hervorzubringen.

Dr. Arnschinck bewog den Vater, ihn zu begleiten und mit ihm in sein Haus zu kommen, machte ihn auch mit seiner Frau bekannt, und schließlich luden ihn beide zum Mittagessen ein. Der Vater trank weder Bier noch Wein; ihm behagten seine nüchternen Betrachtungen mehr als jede Art von Rausch, der nur sein Denken störte. Arnschinck aber, der sich durch feine Gerichte und guten Wein gern in Stimmung versetzen ließ, erhob immer wieder sein Glas zur Feier der Wiederbegegnung nach so vielen Jahren, wobei er jovial der Gattin riet, ihre empfindlichen Lungen doch einmal von dem befreundeten Kollegen abhorchen zu lassen, worauf sie nur mit einem unentschlossenen Lächeln antwortete. Später wies der Hausherr seinem Gast ein wohnliches Zimmer zum Ausruhen an, und nach dem Tee, gegen Abend, fand er darin seine zwei kleinen Koffer vor, die in aller Stille und Eile aus dem Gasthof zum Mondschein in das Grand Hotel Meraner Hof herübergeschafft worden waren.

Bei dieser Stelle des Berichtes war die Schwester sehr nachdenklich geworden; um ihre Mundwinkel flog ein Zittern, und schließlich meinte sie, das wäre dem Vater gewiß nicht recht gewesen. ›Gasthof zum Mondschein‹, das klänge doch tausendmal schöner als ›Grand Hotel Meraner Hof‹. Sie sprach das Grand in einem Ton, der ihre ganze Mißbilligung ausdrückte, wurde jedoch von der Mutter durch sanft energischen Zuruf zum Schweigen gemahnt; denn das Überraschende sollte nun erst kommen.

In dem Hotel verbrachte seit einigen Wochen Direktor Hüssener aus Essen, der Leiter der Kruppschen Werke, einen Erholungsurlaub. Er litt an einer entzündlichen Reizung der Luftröhren, die ihn beim Atmen behinderte und allen Luft- und Traubenkuren zäh widerstand. Arnschinck fragte den Vater, ob er sich wohl entschließen könnte, falls Hüssener es wünschte, diesen zu untersuchen und möglicherweise zu behandeln. Der Vater sagte zu, und es war nicht schwer, den entmutigten Mann für den fremden Arzt zu gewinnen. Eine deutliche Besserung des Befindens rechtfertigte sein Vertrauen, und der Erfolg lockte gleich den berühmtesten Hotelgast herbei, die Pianistin Sophie Menter, eine Schülerin Franz Liszts. Als Fünfzehnjährige hatte sie schon Konzertreisen unternommen, später zog sie der russische Zar an seinen Hof. Sie wurde Lehrerin am Konservatorium zu Petersburg, blieb aber nicht lange in diesem Amt und lebte nun in Österreich.

Auch sie fühlte bald ihre Beschwerden gelindert, und Freund Arnschinck scheint dafür gesorgt zu haben, daß die guten Kuren nicht unbesprochen blieben. Bald kamen auch aus anderen Gasthöfen, sogar aus Privathäusern Genesungsuchende, und es sah ganz danach aus, als läge nun der Weg zu neuer großer Wirksamkeit frei vor dem Vater.

Während er sich einige Tage, behaftet mit Fieber und Kopfschmerzen, in Bett und Zimmer aufhielt, sandte ihm Hüssener einen schriftlichen Vorschlag: er sollte seinen ländlichen Wohnsitz aufgeben, ein freundliches Haus in Essen beziehen und gegen ein ansehnliches Einkommen die ärztliche Überwachung und Behandlung der Kruppschen Arbeiter übernehmen. Staublungen, Bronchitiden, verdächtige Spitzenkatarrhe, hektische Veranlagung, dies waren die Zustände, denen er seine Aufmerksamkeit vor allem würde zuwenden müssen; schwere, weit vorgeschrittene Fälle würden also kaum in seine Hände kommen, es war in allem nur an Verhütung gedacht.

Ein solches Angebot übertraf alles, was der Vater jemals erwarten durfte; dennoch entsprach es vermutlich nicht ganz dem Sinn des ärztlichen Wirkens, wie er es auffaßte. Die Mutter fürchtete sogar, er würde sich bald vorkommen wie ein mathematisch hochbegabter Schüler, dem in der Prüfung nur eine leicht zu lösende, aber sehr zeitraubende Aufgabe aus der Arithmetik gestellt wird. Während ihm also nun das Glück auf eine Weise entgegenzukommen schien, die an Märchen und Legenden erinnerte, muß doch in jenen Tagen die Ahnung einer dem Ende sich nähernden Lebensbahn in ihm gewesen sein. Ein Gefühl von Lockerung des Herzens, das zwar vorüberging, jedoch deutlich spüren ließ, daß es wiederkommen würde, riet ihm, seine Zusage noch zu verschieben, und auf einmal glaubte er, die heiße Luft, den Staub und wohl auch die Kurort-Atmosphäre von Meran nicht mehr zu vertragen. Die Gastfreunde beschwichtigten ihn ein paar Tage lang; aber das Fieber stieg, und der Eigensinn, mit dem er sich schnelle Genesung von bayerischer Wald- und Wiesenkühle versprach, wurde beinahe zu einer neuen Krankheit. Es war nur natürlich, daß er dabei Ausschau hielt nach der Kraft des jungen Sohnes, ja ihn zu seinem Gehilfen bestimmte, ohne viel danach zu fragen, ob diesem nicht andere Dinge im Kopf herum gingen. Der kaum von der Universität Entkommene unterschied sich wenig von anderen jungen Leuten, die sich einbilden, zu dem, was einem Meister scheinbar leicht gelingt, ebenfalls berufen zu sein.

Wer wird aber einen Jüngling als Dichter anerkennen, solange ihn nicht auch die Mitwelt in sich selbst bestätigt? Die kleinen Gedichte, die dann und wann eine Zeitschrift veröffentlichte, waren nicht von der Art, daß sie den Eltern wichtiger vorkommen konnten als die ärztliche Tätigkeit. Auch vermochte ich sie nicht über die sonderbare Veranlagung aufzuklären, die mich oft allzu unüberlegt zum leidenschaftlichen Freund meiner Patienten machte, und schämte mich, einzugestehen, welche Beunruhigungen mir daraus erwuchsen. Die Mutter hatte zuweilen eine etwas verstandesmäßige Art des ›Gut-Zuredens‹; sie wurde nicht müde, mir die vorzügliche Stellung anzupreisen, die ein angesehener Arzt in der menschlichen Gesellschaft einnimmt, und es gehörte zu ihren stärksten Argumenten, daß gegenwärtig sogar Angehörige des Hauses Wittelsbach ausgezeichnete Ärzte seien, die täglich ihre Sprechstunden abhielten, obwohl sie Königliche Hoheiten wären und sich einzig dadurch von ihren bürgerlichen Kollegen unterschieden, daß sie arme Kranke unentgeltlich behandelten. Einer von ihnen, der Prinz Ludwig Ferdinand, fände dabei sogar noch Zeit, auf der Violine zu üben und abends im Orchester des Hoftheaters mitzuspielen.

Seit langem ging ich dergleichen Unterhaltungen aus dem Wege, in denen ich natürlich nie recht behielt; übrigens fügte ich mich ja ohnedies den elterlichen Wünschen, ordinierte fleißig, und meine Patienten waren mit mir zufrieden. Keinesfalls konnte ich aufhören, dem wahren Geiste meines Lebens zu vertrauen; er brachte mir zuweilen mitten in der Wirrnis der Tage einen wundersam hellen Augenblick, der wie aus einem kosmischen Nebel aus dem eigenen Innern kam und gleich wieder eingeschluckt wurde. Prosa zu schreiben hatte ich nie ernsthaft versucht; ich hielt es für unendlich schwer, fragte mich nun aber doch, ob jene seltenen Stimmungen nicht am Ende festzuhalten wären, wenn man das Netz der Sprache nur tief genug ins Unbewußte hinabsenkte und eilig wieder heraufzöge. Bei Goethe, bei Novalis oder Jean Paul begegnete dem Leser dann und wann ein schlicht aussehender Satz, der aber im Gehör blieb und bei wiederholtem Lesen so kostbar leuchtend wurde wie der schönste Vers. Etwas dergleichen schwebte mir vor. Ich begann ein Tagebuch zu führen, darin ich mir über Krankheitsfälle und manches andere Erlebnis in knapper Sachlichkeit Rechenschaft ablegte. Dies waren lockere Reusen, in denen vielleicht auch einmal etwas von jenem Goldglanz hängenblieb. Drunten, in der eigenen Tiefe, lag ohne Zweifel unsichtbar die ganze Welt verborgen; aber mein Garn reichte wohl nicht weit genug hinunter, und wenn ich es einholte, fand ich nichts von dem ersehnten Zauberschein. So schöpft ein Kind mit hohlen Händen aus einem indigofarbenen Meer und glaubt, etwas von seinem edlen Blau eingefangen zu haben; aber in den Händchen steht nur farbloses Wasser.

Wir setzten unseren Spaziergang am Waldrande fort. Verheilt waren die Brandwunden, die der Maienfrost dem jungen Buchenlaub geschlagen hatte, und in Gedörn und Unterholz meinte man von weitem die erhitzte Luft zu Schleiern bläulichen Gases verdichtet zu sehen, in denen rote Flecken schwammen. Beim Näherkommen unterschied ich ein paar Beerenbüschel des Korallenholunders, die angewelkt in den Schatten hineinhingen.

Den Fußweg begleitete der Setzenbach, der zwischen granitenen Platten und Riffen der Donau zueilt. Ein länglicher brauner Stein mit weißen Adern ragte aus dem Wasser, und ich wäre gewiß an ihm vorbeigegangen, wenn mich meine dereinst in Leipzig erworbenen Geologiekenntnisse nicht belehrt hätten, daß dies ein Chalzedon war, eine Art Quarz, der zur Ordnung der Halbedelsteine gehört. Der Spitz trank aus dem Wasser, während ich den Stein herauszog, da meinte er, er sollte ihn apportieren, und erhob ein Freudengebell. Zwischen den Eiszeiten mochte der Chalzedon von Gletschern und Flüssen weither verschleppt, abgeschliffen und schließlich in unserem Bächlein steckengeblieben sein, das einst als mächtiges Gewässer den Talgrund gefüllt, ja ihn wahrscheinlich erst geschaffen hatte. Dies war in vielen Jahrtausenden geschehen, und die moosigen Granitbrocken, über welche nun die Wellen hinspielten, sie waren winzige Bröselchen eines fast aufgelösten Urgebirges. Ja, die liebliche Landschaft, die uns mit Gefühlen der Ewigkeit umfing, war für den Wissenden das Ergebnis eines unendlich langsamen und unermüdlichen Zerfalls, den nur der Humus mit seiner grünenden, blühenden Pflanzendecke vor uns verbarg. Vor Mutter und Schwester durfte ich davon nicht reden; für sie war unsere Landschaft wie die ganze Erde jenseits aller Zeit aus Gottes heiligen Schöpferhänden hervorgegangen; sie wehrten sich gegen die Entzauberung der Welt. Und wenn sie auch vieles von den Erkenntnissen wußten, welche die neuen Bücher der Erdkunde vermittelten, so gingen sie mit diesen Wirklichkeiten doch um, als wären eigentlich sie das Erdichtete, von Grüblern Erfundene, und verwahrten es gewissermaßen in Rumpelkammern des Gedächtnisses.

Die Mutter sprach von den Kadinger Jahren. Sie meinte, der Vater wäre damals trotz Überarbeitung und Kränklichkeit zufriedener gewesen, hätte mehr Familiensinn gehabt und nicht an einem so quälenden Trieb in die unbekannte Welt gelitten. Sie glaubte, der weitabgelegene Flecken mit seinem geräumigen Marktplatz, das bescheidene Haus mit dem blumenreichen Garten, die unermeßlichen Getreideböden der Umgebung und der blaue Hintergrund der bayerischen Waldberge, dieses alles hätte seinen Geist beruhigt und im Gleichgewicht erhalten. Dagegen wäre durch die Stadt mit ihrem Lärm und Drang, mit ihren unruhigen Menschen, aber auch durch den täglichen Anblick der haltlos dahineilenden Gewässer Donau, Inn und Ilz eine so krankhafte Sehnsucht nach Ferne und Fremde in ihm erweckt worden, als wäre er nicht mehr derselbe Mann. Sie schien vergessen zu haben, daß doch sie selbst es war, die ihm den Rat zur neuen Reise gegeben hatte. Ob der Vater den Garten vermißte, war zweifelhaft; der Mutter aber fehlten ihre Blumenbeete, das enthüllte sich schon auf unserem kleinen Waldgang. Vor einer Goldrutenstaude, die mit Bienen und Hummeln besetzt war, blieb sie lange stehen, und als wir in das feuchtere Gebiet gelangten, zeigte sie uns das Fettkraut, dessen violette Blüten an Veilchen erinnern, während die leicht eingerollten dicken Blätter einen klebrigen Saft absondern, der winzige Insekten anlockt, festhält und verzehrt.

Aus tiefem Dickicht sang so seelenklar und süß ein Vogel, daß die Schwester und ich horchend stehenblieben, indessen die Mutter weiterging. Einige Jahre früher hatte sie beim Ertönen des gleichen wunderbaren Lautes mich zum Verweilen angehalten und mich auf meine Frage: Eine Nachtigall? belehrt, es gebe in unserer Gegend keine Nachtigallen, und was wir hörten, könnte nur eine Singdrossel sein. Jetzt aber mußte ich sie am Arm berühren und zum Horchen mahnen, doch mit Schrecken erkennen, daß der Vogel umsonst für sie sang, sie hörte ihn nicht. In diesem Augenblick wurde mir zum ersten Mal bewußt, was es bedeutete, daß der Vater jünger war als die Mutter. Mit ihren klaren blauen Augen sah sie mich fragend an; offenbar konnte sie nicht begreifen, daß ihr Ohr versagte, und als ich sie ganz nah an das Gebüsch heranführte, verstummte der Vogel.

Je weiter wir gingen, um so reichlicher mischte sich Schilf in die Wiese; dann folgte Wollgras. Ein kurzer Windstoß bewegte die vielen feinen Silberquasten traumhaft gegeneinander. Wir blickten uns um; im Westen reifte ein Gewitter. Die Mutter meinte, es wäre nun an der Zeit, meinen Krankenbesuch zu machen; die Schwester aber mahnte, nicht lang auszubleiben, sie habe mir doch das Allerschönste des Waldes noch nicht gezeigt, den grünen Schuh. Ich vertraute ihr dagegen bis zur Rückkehr mein Chalzedonstück zur Aufbewahrung an, übersprang hierauf den Bach und stieg durch niedriges Akaziengebüsch den Hügel hinan, auf dessen Höhe in einem einsamen hölzernen Haus der kranke Bauer auf mich wartete. Im kühlen Flur begegnete mir niemand; links im Rinderstall rührte sich schnaubend eine Kuh; rechts aber durch die erste Zimmertür hörte ich eine laut klagende Mädchenstimme lesen: »Ich armer verfolgter Hase, was soll ich noch anfangen? Wohin mich flüchten? Überall droht mir der Tod. Jäger und Hunde stellen mir nach.« – Mir lag die schwesterliche Mahnung im Ohr, ich beschloß es kurz zu machen und trat ein. Die Kleine, mit mächtigen blonden Zöpfen, die allein an einem großen Tisch in der Stubenmitte saß, schlug ihr Buch zu, trocknete mit der Schürze ihr schwitzendes Gesicht, stand auf und gab mir die Hand: »Grüß di God, Herr Vetter«, sagte sie und trat zurück, um sich von nun an schweigend zu beschäftigen. Aus ihrem Schulranzen holte sie die Schiefertafel und den Griffelfisch, den ich von meinem eigenen Schulgang her noch recht gut kannte. Es war der hölzerne Behälter, in dem damals die Kinder ihre Griffel und ihre Bleistifte verwahrten. Er hatte die Form eines Fisches, war zinnoberrot gefärbt, mit einem abdrehbaren goldäugigen Hechtkopf und einer silbernen Andeutung von Flossen.

»Wie heißt du eigentlich?« – »Ich bin die Susi, und der dort auf dem Kanapee liegt, ist der Großvater«, lautete die kurze Auskunft, und nun erst bemerkte ich meinen Kranken, der sich bemühte, seine Kurzatmigkeit unter Schweigen und freundlicher Miene zu verbergen. Jede neue Physiognomie bestätigte mir, daß in dieser Gegend bis tief ins Inn- und Rottal hinein die meisten Menschen miteinander verwandt waren, und durch ein sonderbares Ineinandergehen der Eindrücke wurde mir auf einmal auch die Mutter mit ihren Sorgen und mit ihrem nachlassenden Gehör, für welches die Drossel vergeblich gesungen hatte, so gegenwärtig, als säße sie im Zimmer.

Gegen die Wassersucht hatte der Alte bisher nur einen Tee von Wacholderbeeren, Hagebutten und Liebstöcklwurz gebraucht; er lobte ihn, meinte aber doch, er müßte jetzt etwas Kräftigeres haben. Eben war ein neues Mittel, das Diuretin, in den Handel gekommen, das man mit Digitalispulver mischte; ich erbot mich, das Rezept selbst mitzunehmen und in der Apotheke ausfertigen zu lassen; der Alte hörte es gern, daß ich ihm eine gute Wirkung versprach, und bat mich, zu warten, bis seine Leute vom Feld hereinkämen, dann müßte ich mit ihnen Apfelmost trinken; doch nahm er's nicht übel, als ich ihm versprach, lieber das nächste Mal etwas länger zu bleiben. Trotz der Atembehinderung erzählte er gern, und zwar von Familienschicksalen aus uralter Zeit, die er selbst nur vom Hörensagen kannte. Vor ein paar hundert Jahren war der Hof durch die Pest so gut wie ausgestorben, ein einziges Kind, ein zwölfjähriges Mädchen, am Leben geblieben. Damit ihr das Anwesen nicht verlorengehe, empfing sie von weltlichen und kirchlichen Stellen eine Dispens, das heißt, sie durfte ausnahmsweise schon als Dreizehnjährige heiraten. Die Bevölkerung kannte die Verhältnisse und fand die Entscheidung richtig. Im einundzwanzigsten Jahr wurde sie zum ersten Mal Mutter. Es folgten noch mehrere Kinder; alle waren arbeitsam und fromm und erreichten ein hohes Alter. »Und von diesen Leuten stammen wir alle ab, auch der Lenzenbauer, auch deine Mutter und du selbst, Herr Vetter, ja, ja.«

Es war sehr still in der Stube; man hörte nur Fliegensummen und das Ticken der Uhr. Die kleine Susi aber begann in gotischer Schrift Buchstaben zu malen. Mit einer unerbittlichen Miene zeigte sie, wie sehr sie sich plagte; ihr kleiner Zeigefinger krümmte sich wie eine Spannerraupe und brachte mit dem steilgehaltenen Griffel auf der Schiefertafel knirschend schrille Töne hervor, die der Großvater als Äußerung zähen Fleißes geduldig ertrug, obgleich sich immer wieder schmerzvoll sein Gesicht verzog. Sobald jedoch die Anstrengung nachließ und der Buchstabe gelungen war, hatte sie das anmutigste, vergnügteste Gesicht der Welt, und ihre Heiterkeit ging wunderbar in mich über.

Der alte Bauer sprach von seinem Zustand mit Gleichmut, meinte aber doch, wenn es noch zwei Jährlein ginge, wäre er zufrieden, sein ältester Enkel könnte dann den Hof übernehmen. Er äußerte seine Genugtuung darüber, daß neuerdings die Verstorbenen nicht mehr in dem entlegenen Holzkirchen, sondern in dem nahen Sandbach beerdigt würden, so daß die versammelte trauernde Freundschaft keinen so weiten mühsamen Weg zu Grab, Seelenamt und Totenmahl mehr zurücklegen mußte.

Der kurze Besuch hinterließ eine vertrauensvolle Stimmung: der Puls des Alten war noch nicht unregelmäßig geworden, und ich sah nun schon die treue Arbeit der purpurblütigen Heilpflanze voraus, die bald einsetzen würde. Nach einer Woche wollte ich wiederkommen und alles beobachten: den festeren Schlag des beruhigten Herzens, die Entlastung des Blutkreislaufs, die freiere Atmung, kurz, die stille Macht über den Tod. Ärztliches Handeln und Dichtertum schienen mir wieder einmal gar nicht unvereinbar, und doch war ein Geist in mir, der diesem Triumphgefühl mißtraute. Der angehende Arzt mochte sich eine Weile von ihm tragen und bestärken lassen; der unfertige Dichter aber hatte schon eine Erfahrung davon, daß ein guter, klarer Einfall weit eher aus der Lebenstiefe der Schwermut hervorgehen könne als aus dem Jubel über irgendein irdisches Gelingen.

»Hast du den grünen Schuh vergessen?« rief mir die Schwester entgegen und lachte, als ich wissen wollte, ob dies vielleicht der Name eines neuen Waldwirtshauses oder einer

Diensthütte wäre. »Du stehst davor, gib acht, daß du nicht darüber stolperst!« Sie hielt mich am Rockärmel fest, als ich den Bach überspringen wollte, und deutete auf ein Ding, das meinem Blick bisher entgangen war. Unter Erlengesträuch, zwischen Schilf und Weidenröschen, stand halb im Wasser ein weggeworfener alter Schuh, aus dem durch das zarte Weben der Natur etwas wie ein Kunstwerk geworden war. Dunkelgrüne Moose bekleideten das faltig eingeschrumpfte Leder bis zur Kappe, die einen Besatz von apfelgrünen Algen trug. Die abgerissene Sohle mit hölzernen Zähnchen und die breite Zunge waren mit einem feinen gelbgrünen Pilz wie mit Seidensamt gefüttert.

Die Mutter sah versonnen über Bach und Wiese hinweg zum Himmel, wo nun auf grauem Grund schwarzblaue Gewölke mit jenen fahlen Rändern aufgestiegen waren, die oftmals den Hagelschlag ankündigen. »Wenn ich meinen Kopfnerven trauen darf, kommt das nicht so schnell; sie sind viel freier, ich glaube, es zieht eher nach Böhmen hinüber«, sagte sie und beruhigte uns damit vollkommen. Je mehr sich aber der Tag verdunkelte, um so weißer, silberner glänzten die kleinen Quasten des Wollgrases; auf einmal regten sie sich nicht mehr, die Luft stand einige Sekunden lang still.

Stephanie mochte sich noch etwas mehr Bewunderung für ihren grünen Schuh von mir erwartet haben; sie hätte ihn gewiß am liebsten mitgenommen, und nur aus Aberglauben ließ sie ihn an seinem Ort. Sie lebte ja noch gern in Märchenphantasien, am liebsten in etwas grausigen, und redete sich ein, der frühere Besitzer könnte ermordet und irgendwo im Wald vergraben sein. Wenn er nun in der Geisterstunde sein Eigentum suchte und fand, mit welcher Verwunderung mußte er sehen, was die fleißigen Moosweiblein aus seinem Schuh gemacht, wie sie in den Vollmondnächten das alte Ding verbrämt und verziert hatten. Nein, es wäre sündhaft gewesen, den Schuh der armen Seele wegzunehmen. Zwei, drei Schritte gingen wir noch weiter, da blieb die Mutter stehen: »Seid einmal still, ihr lieben Kinder, und laßt ein ernstes Wort mit euch reden! Merkt euch immerhin den grünen Schuh und laßt ihn stehen, wo er steht! Von ihm aus könnt ihr stets am leichtesten die Grenze finden, wo mein Wald beginnt. Mein Wald, so darf ich ihn wohl nennen; denn er gehört zum Anwesen, und dieses ist mein Eigentum. Der Onkel Georg hat es in seinem letzten Willen so bestimmt, und später einmal wird er euch gehören, das wißt ihr.« Sie wies mit einer umfangenden Gebärde auf die riesigen Fichten, Eichen und Buchen hin, die weithin in großen Zwischenräumen den Hang bestanden, so daß keine Krone dem Wachstum der andern zu nahe kam, und gleich war mir, als wehte der Wind in unseren Bäumen mächtiger und freier als in den übrigen Teilen des Waldes. »Was ich nun sage, sag ich nur euch, redet mit niemand darüber!« Sie sah sich nach allen Seiten um, ob nicht ein verborgener Waldgänger zuhörte, und fuhr in gedämpftem Tone fort: »Der Vater ist wahrscheinlich kränker, als er weiß; die letzten Jahre haben ihm sehr zugesetzt, obwohl sie nicht seine anstrengendsten waren.« Sie hatte Tränen in den Augen; jedoch wie immer, wenn sie sich vor der eigenen Bewegtheit fürchtete, gab sie ihrer sanften Stimme einen harten Ton; auch wandte sie sich mehr zu mir als zur Schwester. »Ein Baum wächst nach, ein Vater nicht; wir werden also den dritten Teil des heutigen Waldbestandes verkaufen. Davon können wir in dem kleinen Dorf ganz gut ein paar Jahre auskommen und, falls er's für notwendig hält, auch eine bescheidene Münchner Wohnung für ihn bestreiten.«

Langsam, als durchwanderten wir einen heiligen Hain, stiegen wir von Baum zu Baum und ahnten die Traurigkeit der Mutter, die gewiß tief darunter litt, daß sie den Waldfrevel begehen mußte. Sie war im alltäglichen Leben keineswegs zu Gefühlsausbrüchen geneigt, eher verhalten und gelassen; nun aber blieb sie vor einer mächtigen Buche stehen, sah lang in das Geäst hinauf, legte endlich ihre Wange an die Rinde und ließ ihren Tränen freien Lauf. In ihren Zügen war jetzt so viel

Schmerz, daß ich mich verlegen abwandte; die Schwester aber, kindlich erschrocken, eilte zu ihr und umarmte bald sie, bald den Baum.

Als wir den Bahndamm erreichten, fuhr der letzte Abendzug an uns vorüber; ich mußte also meine Rückkehr in die Stadt auf den nächsten Morgen verschieben. Die Kopfnerven der Mutter hatten richtig vorgefühlt; noch immer hielt sich das Gewitter fern, wir konnten ruhig unser schwarzes Brot mit Butter und saurer Milch am Gartentisch essen und bei nordlichtfarbenem Wetterleuchten, dem nur schwaches Grollen folgte, die tieferhellten Klüfte ferner Wolkengebirge bewundern.

Stephanie ging ins Haus, holte Windlichter und brachte in einem Umschlag die Photographie des Lenzenonkels mit, auch sein Sterbebildchen, auf dem außer einem kurzen Gebet einige Zeitangaben über sein Leben standen. Er war am 9. März 1814 geboren, und meine Kenntnisse reichten gerade hin, um zu erinnern, daß in jenem Jahr der Stern Napoleons erlosch und Goethe die Verse schrieb: ›Nord und West und Süd zersplittern, Throne bersten, Reiche zittern ...‹ Im Jahre 1890 starb der Onkel; seine Photographie zeigte einen Kopf, dessen Gesichtszüge eher an einen Gelehrten oder an einen geistlichen Herrn als an einen Bauern gemahnten, mit etwas zusammengekniffenen Augen und einem Ausdruck von gutmütiger Zweifelsucht. Er war unverheiratet geblieben, aber auf Donauflößen öfters bis Wien und Budapest gekommen und hatte jedesmal nach seiner Heimkehr die sämtlichen Dorfkinder in seinem Hofe versammelt. Den Mädchen geschah weiter nichts; den Buben aber befahl er mit grimmiger Miene, sofort ihre abscheulichen, zerrissenen, schmutzigen, grausligen Zipfelmützen auf einen Haufen zusammenzutragen. Dann mußten sie über den verbrauchten Kopfbedeckungen einen Stoß aus Reisig und Prügelholz errichten, den der Bauer eigenhändig anzündete. Dies geschah unter übertriebenem Wehklagen der Knaben und schadenfreudigem Gelächter der Mädchen; denn eigentlich wußten schon alle Kinder, was bevorstand. Während nämlich Holz und Hauben glosend und rauchend verkohlten, trug die rothaarige Haushälterin, die in der Gegend nur ›die Böhmin‹ hieß, eine riesige Schachtel nach der andern ins Freie heraus, und bald begann unter allgemeinem Jubel das große Auspacken. Die schönen neuen Zipfelmützen mit den feinen Seidenquasten wurden aus ihren bunten Papiersäcken gezogen und verteilt. Auch Mütter, Großmütter und Basen fanden sich ein, um die reizenden in Wien gekauften Mädchenkleider zu besichtigen, die wohl helles Entzücken, da und dort aber auch ein leichtes Befremden hervorriefen; denn die Verkäuferinnen der Kaiserstadt schienen dem freigebigen bäuerlichen Junggesellen mit besonderem Vergnügen das Allermondänste für seine Dorfkinder angeraten zu haben.

Die Mutter war indessen wieder ganz ruhig geworden. Als ob sie sich ihrer im Walde gezeigten Fassungslosigkeit schämte, besprach sie nun unsere Lage mit großer Nüchternheit und gab auch zu, daß die blendenden Essener Aussichten sie wohl beglückten, aber auch ängstigten. Sie erwog einen Brief an Direktor Hüssener, der ihn zu der Überzeugung führen sollte, daß dem Kruppschen Werk mit einem Landarzt von schwankender Gesundheit nicht gedient wäre, daß man seine völlige Genesung abwarten müsse. Mich aber bedrängte noch immer ein Verdacht, der Vater wolle mich als eine Art Adlatus oder Vertreter ins Rheinland mitnehmen. Wenn ich mir eine solche Verwendung vorstellte, so war mir, als sollten mit den schönen alten Bäumen gleich auch meine stillen traumartigen Hoffnungen, ja auch alle etwa möglichen Gedichte der Zukunft auf dem Familienaltar geopfert werden. Die Mutter aber schien meine Beklemmung zu erraten; sie sprach von der nächsten Zukunft auf eine Weise, die meinen Besorgnissen allen Grund entzog. »Wenn du dem Vater noch ein paar Jahre lang seine Passauer Geschäfte abnimmst, so ist dies das beste, was du für uns alle tun kannst«, sagte sie mit abschließender

Bestimmtheit und fügte nur die Mahnung hinzu, meine Promotion nicht mehr lange zu verschieben.

Das Gewitter zögerte noch immer; das Wetterleuchten wurde seltener und blasser, es war, als lockerten sich die Wolken auf, und einmal erschien ein Stern. Flüge von Käfern durchzogen die Nacht, und manche taumelten wie trunken ins Gartengras. Darauf aber warteten nur die Schützlinge der Mutter, die immer hungrigen Igel, und bald hörte man die harten Flügel zwischen ihren scharfen Zähnen krachend zerbrechen. Auch der Spitz begann mörderisch zu kauen, doch klang es bei ihm gutmütiger; er war ja zuweilen ein vegetarischer Sonderling, und die ersten reifen Pflaumen, die vom Baum fielen, gehörten samt den Kernen alljährlich zu seinen begehrtesten Leckerbissen.

Von der Donau herüber plätscherten Ruderschläge; das waren heimkehrende Fischer, sie hatten Zugnetze gelegt und riefen sich Grüße zu. Späte Feuerfliegen schwebten lautlos in den Garten herein; sie verstärkten in der hohen elektrischen Spannung der Luft ihr weißgrünes Licht, und wenn sie über unseren Köpfen den Apfelbaum durchflogen, sahen wir das Laubwerk bis ins Gezweige hinein von ihren lebendigen Lämpchen angeleuchtet.

REISE ZU DEN ELF SCHARFRICHTERN

Im Café Wittelsbach zu Passau traf ich wieder einmal den Dichter Heinrich Lautensack, der sich noch immer als Faktotum in dem Münchener Kabarett der Elf Scharfrichter bewährte, genannt der Henkersknecht, zu allen Diensten willig und geeignet. Am liebsten wäre er selbst Scharfrichter geworden; doch deren Personal war vollzählig, und gemäß der Satzung durfte die Zahl Elf nicht überschritten werden. So blieben seine Leistungen fast immer im verborgenen, und von seiner lyrischen Begabung, die auch der junge Rilke herzlich anerkannte, wußten wenige. Er war ein vortrefflicher Erzähler, und ich konnte ihm stundenlang zuhören, besonders wenn er von Frank Wedekind berichtete, dem Dramatiker, der ihm mehr und mehr zum Vorbild wurde. Wedekind, dessen Novelle ›Mine-Haha‹ mich als jungen Leipziger Studenten entzückt und erbaut hatte, kam mir durch Lautensack auch menschlich näher, und zum ersten Mal verstand ich es, daß diesem Dichter die Abenteuer eines armen Künstlers oder eines Weibes, das durch Unglück und Schuld auf die Nachtseite des Lebens geraten war, weit mehr bedeuteten als der glatte Lebensgang eines untadeligen Bürgers. Es kam vor, daß Wedekind sich mit einem irgendwo aufgelesenen Straßenmädchen ausführlich unterhielt, um für Theaterstücke und Novellen Stoff zu sammeln; er begegnete solchen Bekanntschaften mit Höflichkeit, behandelte sie als Damen und entschädigte sie für ihre Erzählungen reichlich. Lautensack sah in jenem Winter leidend aus, rauchte jedoch bei Tag wie bei Nacht starke Zigaretten, und als er kurz vor seiner Rückkehr nach München Blut zu husten begann, kam er in meine Sprechstunde, bat um einige Röhrchen Pilokarpin-Tabletten und redete mir kräftig zu, gelegentlich meines nächsten Münchener Aufenthalts das berühmte Kabarett der Elf Scharfrichter zu besuchen. Es handle sich dabei nicht um ein gewöhnliches Tingeltangel, wie manche Provinzler vielleicht meinten, sondern um ein künstlerisches Unternehmen ersten Ranges; andernfalls würde auch ein Genius wie Wedekind nicht darin mitwirken.

Leider war mir gerade damals das ärztliche Wesen wieder einmal über den Kopf gewachsen; die stets wechselnden Krankheitsfälle zerstreuten mich, und ein größeres im Herbst angefangenes Gedicht zerbröckelte mir zu Fragmenten. Es war eine sonderbare Veranlagung, daß mich ein neuer Patient ganz ähnlich beschäftigte und bewegte wie eine begonnene Dichtung. Las ich Lebensgeschichten wie die des ›Benvenuto Cellini‹ oder den ›Grünen Heinrich‹ oder ›Dichtung und Wahrheit‹, so beglückten mich stets innige Zusammenhänge, wo sich eins auf das andere bezog, eins aus dem anderen hervorging; ein Plan schien jedem Ganzen zugrunde zu liegen, der sich in klaren Linien ausführte, und trotz aller Kämpfe, Widerstände und Verfehltheiten stimmte die äußere Existenz mit der inneren überein. Mir dagegen brachte fast jeder Tag eine Stunde, die mich von mir selber trennte, Erlebnisse, die nichts miteinander zu tun hatten oder, um goethisch zu reden, ohne Folge blieben. Das Unentrinnbare einer solchen Daseinsform war mir ganz deutlich; doch gehörte auch dazu, daß ich die Hoffnung, mich eines Tages von ihr loszulösen, nicht aufgeben konnte.

Vor kurzem waren Apparate zur Messung des menschlichen Blutdrucks aufgekommen, sogenannte Sphygmomanometer, ersonnen von dem italienischen Gelehrten Riva-Rocci, und schon gab es in Passau einen Arzt, der sich dieses Instruments bediente. Ich beschloß, nach München zu fahren und in dem Geschäft von Katsch das neue Werkzeug zu kaufen. Bei dieser Gelegenheit wollte ich den Vater besuchen und, falls die Zeit hinreichte, auch in dem berühmten Kabarett einkehren.

Am Nachmittag vor meiner Abreise ging ich noch zu Bahnschaffner Thomas und seiner Frau, die nach dem Tode ihres Söhnchens abermals ein Kind erwartete. Ich hatte gegen die beiden Eltern kein ganz freies Gewissen; denn gerade meine richtige Diagnose hatte den Untergang ihres kleinen Wolfi beschleunigt. Der Vater war aus München mit einem klaren Röntgenbild der chirurgischen Klinik zurückgekehrt, auf dem das aspirierte Uhrschlüsselchen deutlich zu sehen war; es steckte in einem Bronchienzweig mitten in der linken Lunge. Ein vortrefflicher, sehr geübter Facharzt hatte mit Zustimmung der Eltern den Eingriff gewagt; aber der kleine metallene Gegenstand war bereits dermaßen fest ins Lungengewebe hineingewachsen, daß die Herauslösung nicht ohne neue Verwundungen gelang; die Folge war vermehrte Entzündung mit höherem Fieber und rascher Tod.

Die jungen Eltern luden mich zum Abendessen ein, und als wir uns zum Tischgebet erhoben, fiel mir etwas vorher nie Gesehenes in die Augen, das ich nie mehr vergessen konnte: zwischen den Bildern von Jesus und Maria hing als dritte Heiligentafel die Röntgenaufnahme der Münchener Universitätsklinik, die Vater Thomas mit einem hübschen hellbraunen Rahmen umgeben hatte. Während ich die betende junge Frau betrachtete, der die neue Schwangerschaft von ihrer gesunden Schönheit nichts wegzunehmen schien, dazu die andächtige Verehrung, welche die beiden Eltern dem unschuldigen Marterwerkzeug erwiesen, war ich um Nu von allem Schuldgefühl befreit.

Am folgenden Morgen saß ich allein im warmen Schnellzug und ließ meine Gedanken um die Elf Scharfrichter kreisen, die mir durch Lautensacks Lobpreisungen schon vertraute Figuren geworden waren. Die verwegene Frage drängte sich auf, ob es wohl in jenem unvergleichlichen Kreise junger Künstler nicht auch für mich eine Verwendung gäbe, vielleicht einen kleinen Posten mit etwas Bezahlung, der mir täglich ein paar Stunden freie Zeit ließe und mich aus der strengen Haft ärztlicher Verantwortungen auf einen neuen Lebenspfad ins Ungebundene brächte.

Ein Rundgang führte mich nach meiner Ankunft in die Türkenstraße, und es war wie eine Fügung, daß mich vor dem Gasthaus zum goldenen Hirschen ein riesiges Plakat durch den freudigen Schrecken, den es mir einjagte, zum Stillstehen zwang. Eine lange Frau, halb Somnambule, halb Leiche, bis zum Kinn hinauf schwarz gekleidet, stand überlebensgroß im Vordergrund, zwei schwarze Flecken deuteten die Augen an, eine feine gebogene Linie den Mund, zwei Tüpfelchen die Nase. Hinter dem gespenstischen Wesen aber war aus roter Flut ein Chor gehörnter Teufelsköpfe aufgetaucht, und alle blickten mit großen Augen auf die Unheimliche hin, keineswegs diabolisch, eher kindlichen Faunen gleich erstaunt. Unten aber war in ornamentalen Buchstaben eine Vorstellung der

Elf Scharfrichter angekündigt, die am Abend stattfinden sollte.

Ich ging durch den Flur, um womöglich das Theater zu sehen, zu dem eine Reihe roter Pfeile hinwies, fand jedoch die Türe verschlossen. Im Hof deutete nichts auf ein künstlerisches Unternehmen; alles war durchaus werktäglich. Reste von Schnee, mit Asche beschüttet und gelb durchnäßt, hielten sich noch zwischen leeren Bierfässern. Unter einer steilen Stiege, die an der Außenseite des Rückgebäudes zu kleinen Wohnungen führte, lag ein abgedanktes Weihnachtsbäumchen, in dessen wachsbetropftem Gezweig noch Silberfäden glitzerten. Auf der verschlossenen Theatertür begegnete mir abermals das werbende Bild jener Frau, die dem nachtwandelnden Geist einer Ermordeten glich, und auf einmal begriff ich, daß das nicht die rechte Stunde war, um den Vater zu besuchen. Ich beschloß, meinen Vorsatz um einen Tag zu verschieben, erstand in der Buchhandlung, die auf dem Plakat angegeben war, eine Karte, bestellte mir für die Nacht ein Zimmer im Fränkischen Hof und erwartete in banger Spannung den Abend.

Lange vor acht Uhr kehrte ich in die Türkenstraße zurück und betrat das Lokal, in welchem die Scharfrichter nach dem Pariser Vorbilde der Montmartre-Cabarets ihre kleine Bühne aufgeschlagen hatten. Es war ursprünglich ein Stall, später ein Fechtboden und schließlich eine Studentenkneipe gewesen; ungefähr hundert Gäste hatten Platz darin. Die Wände waren bis zu halber Höhe mit grauem Stoff bespannt; hier hingen zwischen Skizzen junger Maler die von Wilhelm Hüsgen angefertigten Gipsmasken der Elf. In einer Ecke stand das grausige Wahrzeichen ihres Bundes, der schwarze Schandpfahl, der einen mit Perücke und Zopf bedeckten Schädel trug, und in diesem steckte das Henkerbeil. Alle Tische waren besetzt; nur an dem einen, der dicht vor der Bühne stand, fand ich noch einen freien Stuhl. Mir gegenüber saßen zwei gutgekleidete Paare, denen eben eine junge Kellnerin Salzbrezen und eine Leberknödelsuppe auftrug, ein echtes Münchener Gericht, das ich mir gleichfalls bestellte, obwohl es der dämonischen Umwelt, die mich als Gast erwartete, wenig entsprach.

Der eine Mann, klein, gedrungen und doch zart, hatte dunkelbraunes Haar und eine klare Stirn; die ruhigen traumtiefen Augen ließen an Gangesufer und Benares denken. Seine Frau dagegen, Urbild einer Skandinavierin, schlank, silberblond und nixenäugig, trug um den Hals eine Kette von blutroten Korallen. Der schilfgrüne Rand ihres Hutes vertiefte den Eindruck einer Wassergottheit, und ihr geheimnisvoller Blick schien sich in eine ferne Meerheimat zurückzusehnen. Die andere Frau, sehr üppig in einem enganliegenden schwarzen Kleid, konnte Münchnerin sein; ihren Mann hielt ich für einen Gelehrten: grundgescheite, aber müde Augen blickten durch scharfe Brillengläser, und wenn ich meine Inselhefte mit noch mehr Aufmerksamkeit durchstudiert hätte, wäre mir auch sein Name nicht entgangen: Franz Blei. Nun aber sprach seine schwarzgekleidete Gattin den kleinen Tischgenossen mit den dunklen indischen Augen als Herrn Dauthendey an, und jetzt galt meine Aufmerksamkeit nur noch ihm. Wieder einmal verdankte ich es unserem Prometheus, daß ein Name mir kein leerer Schall war. Er hatte mir in meinem letzten Münchner Jahr die ›Reliquien‹ geliehen, eine Sammlung von Gedichten, die durch ihr Gebetbuchformat und durch die geisterhafte Titelzeichnung, eine harfespielende Hand, schon die Wundersamkeit des Inhalts andeutete.

Wenn einer erfahren möchte, wie die Runen, diese Urelemente der Poesie, von geheimem Klang bewegt, sich mühelos zum Lied zusammenfügen, so könnten ihn die schlichten Verse der Reliquien darüber belehren; darum prägen sie sich auch dem Gedächtnis wie dem empfänglichen Ohr sogleich für immer ein. Wenige kannten damals den Dichter Dauthendey, und vielleicht wäre ihm der begeisterte Zuruf eines jungen Menschen gar nicht unwillkommen gewesen. Es war aber noch nicht Sitte, einen Mann, den man verehrte, ohne weiteres anzusprechen. Ich ließ ihn schmausen und plaudern, zuweilen gestreift von seinem freundlichen Blick, obwohl er schwerlich ahnte, daß der Gegenübersitzende manchen seiner Verse auswendig wußte:

Maimond über dem Dach,
Maimond sieht in das Haus,
Golden stehen die Scheiben,
Sehnsucht leuchtet heraus.
Draußen Blatt bei Blatt
Schlafen dunkel die Bäume,
Drinnen unter dem Dach
Liegt die Liebe wach.
Schwüre glühen im Dunkel,
Funkeln hinaus in die Nacht.

*

Die Nacht ist heute so wonnig reich.
Die Sterne drängen und hängen so tief,
Die Menschen müssen sich bücken.
Wir geifen und pflücken
Die reifen, sonnigen Sterne.

*

Ich sehe den Berg, den breit schwebenden,
Er zieht an den Himmel edel,
Einfach und sich selbst genug.
Das starke purpurne Meer,
Die blaue erhabene Wolke kommen zu ihm,
Sein Schnee ist weißer als der Schnee.
Nur der Reife nahe dem Edlen!
Jahrtausende begegnen dir auf dem Wege,
Und dem Leidlosen alles Leid,
Den starken Wissenden prüfen starke Tote.

Daß ein so zeitlos reiner Dichter gekommen war, um einen Abend bei den Elf Scharfrichtern zu verbringen, stärkte meinen Glauben an das Unternehmen, und die bescheidene Einrichtung des Theaterchens wurde mir geradezu eine Gewähr für seine Gediegenheit.

Als Programm erwarb man sich ein Heftchen, auf dessen Umschlag sich verkleinert jene Zeichnung des Plakats wiederholte, nur daß hier ein Name darunter stand. Marya Delvard, so also hieß die gespenstische Frau, für deren Vortragskunst mein Freund, der Henkersknecht, mit sonderbarer Demut schwärmte, wobei er freilich zugab, daß ihm ihre leidenschaftlichen Launen und die gelegentlichen Ausbrüche ihres Zornes manche Leiden bereiteten.

Aus dem Schlitz des grauen Vorhangs, der den Hintergrund der Bühne bildete, wand sich jetzt Monsieur Marc Henry hervor, der Leiter des Kabaretts, als ältester der Scharfrichter Balthasar Starr genannt. Er kam als Ansager mit Frack und weißer Halsbinde, das rabenschwarze Haar wie eine Holzplastik geschnitzt. Der starke Schnurrbart und die düster blitzenden Augen machten sein gelbliches Gesicht noch blasser, und unter seinem verbindlichen, gemessenen Auftreten schien sich eine tiefe Müdigkeit zu verbergen. In liebenswürdig unbeholfenem Deutsch begrüßte er die Gäste, gab die Folge der Darbietungen bekannt, unter denen er auch seinen Vortrag neuer Pariser Chansons ankündigte, und tauchte mit einer Verbeugung zurück. Bald erklang aus der Tiefe ein verborgenes Orchester, und nun umzogen die Elf in blutroten Talaren, Beile tragend, beinahe tänzerisch das kleine Bühnenrund. Mit ihren tiefsten Stimmen erhoben sie den schauerlich lustigen, etwas unklaren Chorgesang, den einer von ihnen, Dionysius Tod, gedichtet, Hannes Ruch aber, wie der Gesangslehrer Richard Weinhöppel als Scharfrichter hieß, komponiert hatte:

»Erbauet ist der schwarze Block.
Wir richten scharf und herzlich.
Blutrotes Herz, blutroter Rock,
All unsere Lust ist schmerzlich.
Wer mit dem Tag verfeindet ist,
Wird blutig exequieret.
Wer mit dem Tod befreundet ist,
Mit Sang und Kranz gezieret.«

Wer sich nach so vielversprechenden Strophen sogleich das Auftreten der Marya Delvard erwartet hatte, wurde enttäuscht; statt ihrer erschien eine hübsche junge Frau in schlichtem graublauem Kleid, stürmisch bejubelt von Jünglingen und Mädchen, die einen eigenen Tisch besetzt hielten, Olly Bernhardi. Frei und unbefangen sprach und sang sie Gedichte und Lieder von Liliencron, Dehmel, Falke, Jodok, wurde, besonders von dem Tisch der jungen Gäste, mit lebhaftem Beifall belohnt, der sich durch studentisches Trampeln verstärkte, ließ sich herbei, ›Die Schaukel‹ von Richard Dehmel zu wiederholen, und ging wieder. Die paar Minuten ihrer Rezitation belebten einen Traum in mir, der mich seit Hofmannsthals Leipziger Vortrag nie ganz verlassen hatte. Wenn ich in meinen freien Abendstunden fleißig übte, durfte ich mir wohl zutrauen, Gedichte, die mich selbst entzückten, auch anderen eindringlich zu Gehör zu bringen, und wenn ich mir von Herrn Nathan Klein, dem Passauer Schneider, der ohnehin zur Zeit mein Schuldner war, einen dunklen Anzug machen ließ, vielleicht auch die Lackschuhe mit den breiten Silberschnallen kaufte, die dort im Geschäft von Schidlo ausgestellt waren, so konnte wohl auch ich, ohne zu mißfallen, ab und zu ein Viertelstündchen lang auftreten. War ich einmal etwas bekannt, so durfte ich es möglicherweise sogar wagen, eine Probe eigener Lyrik ins Programm zu schmuggeln, vielleicht mit dem Vermerk: von einem unbekannten Dichter des achtzehnten Jahrhunderts.

Nun aber trat ein Herr in einfach grauem Anzug, eine Laute unter dem linken Arm, hervor, begrüßte mit einem kaum merklichen Lächeln die Gäste, nahm Platz auf einem Stuhl und stimmte die Saiten. Sein feines, bartloses Gesicht erinnerte an Jünglingsantlitze des frühen Mittelalters; mühelos, mit warmer, klarer Stimme, summte und sang er, ohne viel auf die Hörer zu achten, nach neuen von ihm selbst gefundenen Weisen alte Lieder und Balladen aus ›Des Knaben Wunderhorn‹. Robert Kothe hieß der Sänger in seinem bürgerlichen Leben, wo er als Rechtsanwalt wirkte; als Scharfrichter führte er aber den gruseligen Namen ›Frigidius Strang‹. Der starke Beifall, der ihn beim Verlassen der Bühne belohnte, galt dem Komponisten wie dem Sänger.

Noch immer ließ Marya Delvard auf sich warten; aber gleichsam als Übergang zu ihr, vielleicht auch als gewollter Gegensatz zu dem sanften Übermittler der deutschen Romantik, trat jetzt ein anderer auf, dessen Name seit kurzem in aller Munde war: Frank Wedekind. Wie weit lag die Leipziger Studienzeit zurück, wo ich das wundersame Bruchstück ›Mine-Haha‹ wie ein Erbauungsbuch in der eben erst erschienenen ›Insel‹ gelesen hatte, außerdem ein Gedicht ›Prolog zum Erdgeist‹, das bereits in einem früheren Heft jener Zeitschrift veröffentlicht war, eine an Goethes Faust-Dialoge erinnernde Versdichtung, die der Autor selbst spricht, und zwar im Kostüm eines Tierbändigers, mit zinnoberrotem Frack, weißer Krawatte, langen schwarzen Locken, in der Linken eine Hetzpeitsche, in der Rechten einen geladenen Revolver. So tritt er nach der Bühnenanweisung, die mir von der ›Insel‹ her bekannt war, vor das Publikum, und wenn er dem Theatermeister zuruft: »He, August! Bring mir unsre Schlange her!«, trägt August eine junge als Pierrot maskierte Dame aus dem Zelt und setzt sie zu Füßen des Tierbändigers nieder.

Unter diesen Lese-Erinnerungen erneuerte sich die Begierde, den Dichter-Dämon mit Augen zu sehen, der nun durch den Schlitz des grauen Vorhangs auf die Bühne schlüpfte und nach einer, wie mir vorkam, etwas widerwilligen Verbeugung, dem ihm zujubelnden Publikum halb abgewandt, sein Instrument zu stimmen begann. Das breite, die linke Schulter umschlingende Band, an dem er die Zupfgeige hielt, hatte das grelle Zinnoberrot jenes Tierbändigerfracks; es war jedoch das einzige, was an Atmosphäre von Zirkuswelt, von Tod und Teufel erinnerte; sonst unterschied er sich äußerlich in keiner Weise von irgendeinem nach neuester Mode gekleideten Herrn: sein Haar war kurz geschnitten, der dunkle Anzug einfach; alles genialische Getue vermied er, wohl wissend, wie wenig er es nötig hatte. Sein Gesichtsausdruck bewahrte tiefen Ernst und hatte doch etwas vom Spaßmacher; man konnte meinen, Puderstaub wäre an Wangen und Nase zurückgeblieben. Ohne die Miene zu verändern, sang er seine Ballade vom Taler, vom armen Mädchen, von Brigitte B., aber auch vom Tantenmörder: ›Ich hab meine Tante geschlachtet. Meine Tante war alt und schwach...‹ Dergleichen hatte mein lyrisch verwöhntes Ohr gerade nicht erwartet; abgestoßen aber war ich davon so wenig wie etwa ein Bub, dem der Struwwelpeter oder Max und Moritz vorgelesen wird. Mir blieb Wedekind trotz aller Bewunderung seiner Gedichte der Verfasser des Bruchstücks ›Mine-Haha‹, das mir sehr viel später noch geheimnisvoller wurde, als ich bei Arthur Kutscher las, Mine-Haha sei ein indianisches Wort und bedeute ›Lachendes Wasser‹. Das Ganze schwebte mir immer wieder vor wie eine moderne Pädagogische Provinz, und manchmal glaubte ich die geistigen Räume zu erkennen, in denen eine große Deutung vorbereitet und alle Rätsel gelöst würden. Da in dem Bruchstück der ›Insel‹ nirgends die Rede war von Sprachenkenntnis, Geschichte der Völker, Religion und großer Dichtung, überhaupt von keiner anderen Erziehung als der körperlichen, so war ich im stillen überzeugt, all dieses Fehlende werde später auf eine beglückend lebensvolle Weise nachgeholt werden. Mochten Gertrud, Simba und Pamela noch so zuchtvoll gehen oder tanzen lehren, ihr Bemühen blieb doch unvollkommen, wenn sie uns die griechischen Gesänge schuldig blieben, durch die wir Athena lieben lernten, Antigone, Nausikaa. Als Vortragskünstler kannte Wedekind seinen Wert; auch der inständigste Beifall bewog ihn nicht, sich auf sogenannte Dreingaben einzulassen. Nach knapper Verbeugung entschwand er mit einer Miene von eisiger Höflichkeit, die jeden Versuch einer persönlichen Annäherung ausschloß.

Während der Pause, die nun folgte, legte sich eine Hand auf meine Schulter; ich drehte mich um, Heinrich Lautensack stand hinter mir. Im Ton eines Mannes, der Staatsgeheimnisse ungern preisgibt, verriet er mir, es werde nun sogleich Marya Delvard auftreten und heute fast nur deutsche Lieder singen, als letzte Nummer ihres neuen Programms aber ein Gedicht von ihm vortragen, das er auf einer Bank vor dem Passauer Dom geschrieben habe. »Sie vermeidet natürlich jedes Pathos, sagt die Verse einfach her. Dann aber wird Emanuel Franz als Tod singen. ›Der Tod singt‹ – ist das nicht ein feiner Titel? Der Tod geht nämlich als Nachtwächter, fast unsichtbar, über die verdunkelte Bühne. Der Hannes Ruch hat eine wunderbar schwermütige Melodie dazu gemacht; sie wird zum ersten Mal gesungen, ist also gleichsam eine Premiere.« Ich drückte ihm beglückwünschend die Hand, er war sehr bewegt. »Gut, daß du grad heute da bist, du wirst uns Glück bringen«, sagte er und lächelte zerstreut, als ich fragte, ob er mich nicht mit Marc Henry und mit Herrn Leo Greiner bekannt machen könnte, morgen wäre ich noch in München. Er suchte nervös in der Westentasche nach Zigaretten, und ich war froh, daß ich ihm aushelfen konnte. »Ja, der Greiner, der Henry, natürlich sind sie halt auch Stimmungsmenschen. Der eine stammt aus Paris, der andere aus Brünn in Mähren; man kann vorher nie wissen, wie mans bei ihnen trifft. Wenn ich ihnen aber sage, daß du einzig ihretwegen nach München gekommen bist, hast du schon einen Stein im Brett. Weißt du, was? Komm einfach morgen gegen vier Uhr ins Café Stefanie und setz dich in die Nähe von dem langen Tisch unter dem großen Wandspiegel! Da treffen wir uns jeden Tag und schmieden Pläne. Der Greiner nennt das ›zukunfteln‹. Wir haben nämlich zur Zeit alle miteinander verflucht wenig Geld. Ich werd ihnen ein bissel von dir erzählen, und wenn sie halbwegs gut aufgelegt sind, hol ich dich herüber!«

Auf einmal schwebte das kleine Theater in magischem Lilalicht, und wie aus ihrem Sarge aufgestiegen stand Marya Delvard vor dem fahlen Vorhang. Es wurde still wie in der Kirche, kein Teller klapperte mehr. So totenhaft wie auf den Abbildungen wirkte sie gerade nicht; immerhin hätte einem eine unverhoffte Begegnung mit ihr in der Einsamkeit ziemlichen Schrecken eingejagt. Sie war entsetzlich bleich; man dachte unwillkürlich an Sünde, vampirisch zehrende Grausamkeit und Tod; doch lebte tief in mir der Wunsch, zu erfahren, welch ein wahres lebendiges Leben sich unter der gespenstischen Maske verbarg. Lautensack, der liebe Henkersknecht, schien mehr von ihr zu wissen, als er mir anvertrauen mochte; er schwärmte zwar immer noch von ihrem bezaubernden Vortrag echter Pariser Chansons, schwieg sich jedoch geheimnisvoll aus, wenn ich nach ihren persönlichen Eigenschaften fragte. Wirklich sang sie übrigens an diesem Abend nur deutsche Lieder, zuerst in schwermütig verlorenem Ton ›Ilse‹, eine von Wedekind gedichtete kleine Ballade, die in zwölf kurzen Zeilen den Lebenslauf eines früh verführten Mädchens zusammenfaßt, das sich mit seinem Hetärendasein frech und fröhlich abfindet. Dann folgte die Kindsmord-Ballade von des Pfarrers Tochter von Taubenheim aus ›Des Knaben Wunderhorn‹. Sie sang alles mit müder Eintönigkeit, die sie nur zuweilen mit einem wilden Aufschrei gieriger Leidenschaft unterbrach. Die Glanznummer des Abends war aber das Gedicht Lautensacks ›Der Tod singt‹; sie sprach und summte den Text, den dann Emanuel Franz als ein im Kreise herumwandelnder Nachtwächter auf der tief verdunkelten Bühne sang.

Gewaltig war der Beifall, den der Sänger und Marya Delvard empfingen, bis kräftige junge Stimmen auch den Dichter hervorriefen, woran ich mich klatschend und rufend beteiligte. Eigentlich war er verlegen, dankte jedoch mit ironischem Lächeln für die lebhafte Zustimmung; denn daß man es die Leute merken lassen müsse, wie wenig man sie eigentlich ernst nahm, hatte er seinem Herrn und Meister Wedekind schon abgelernt.

Die Zeit, wo mir das glanzvolle Münchner Café Luitpold wie die Halle eines Doms erschienen war, so daß ich beim ersten Eintreten kindlich fromm den Hut abnahm, lag schon weit zurück; doch war ich mehr als je davon überzeugt, es gebe für geistige Menschen keinen würdigeren Ort zwangloser Zusammenkünfte als ein nicht allzu großes Kaffeehaus. Kein grober Tabakrauch, vermischt mit Bier- und Bratendunst, verdickte wie in den Trinksälen der Brauereien die Luft; auch blieben überlaute Besucher fern. Wie hätten sich die Elf Scharfrichter in einem solchen Kaffee-Salon nicht wohl fühlen sollen! Hier im Café Stefanie saßen sie also am nächsten Nachmittag beisammen auf einer langen mit rotem Plüsch überzogenen Bank vor zwei großen Marmortischen, und mehrere hatten auf einfachen Stühlen Platz genommen. Pünktlich war ich eingetroffen; verdeckt von der ›Kuhhaut‹, wie damals Münchens größte Zeitung genannt wurde, betrachtete ich die Scharfrichter, von ihnen unbemerkt, in dem riesigen Wandspiegel, der so hing, daß ich von jedem nur die Hände, ja eigentlich nur die zigarettenbraunen Finger sehen konnte. Mein Herz klopfte erwartungsvoll, und manchmal befühlte ich die linke innere Rocktasche, wo ein Gedicht verborgen steckte für den Fall, daß mich jemand zum Vorlesen auffordern sollte. ›Hat erst das Wiesenschaumkraut abgeblüht...‹ begann die erste Zeile. Zugegen war Marc Henry, der heute noch französischer und gelblicher aussah als am Abend vorher; neben ihm saß wie Hera neben Zeus Marya Delvard, die sich über Nacht verwandelt zu haben schien; in ihrer Erscheinung war kein Zug, der noch an Vampir, Tod und Grab erinnerte. Sie trug ein violettes Kleid, und unter einem Netzbarett glänzte ein hellbrauner Lockenschwung hervor, den sie manchmal mit zwei Fingern zurückstrich. Wenn ihre dunkel umschatteten Augen lachten, konnte sie einem gesunden Bauernmädchen ähnlich sehen. Robert Kothe unterhielt sich mit einer hübschen zierlichen Frau, die, wie ich bald erfahren sollte, seine eigene war; ihr kindliches Gesichtchen wurde durch einen riesigen Florentiner Hut zu einem vollkommenen Damenantlitz. Leo Greiner saß zwischen einem bleichen Mann mit rötlichem Bart, in dem ich Otto Falckenberg erkannte, und einer kleinen Frau mit rauhem schwarzem Haar, die ganz in einem grauen Pelz versank, aus dem sie ein blau gefrorenes katarrhalisches Näschen anmutig hervorstreckte. Ihr gegenüber saß Heinrich Lautensack, dem dann und wann Marya Delvard ihre Zigarette zum Weiterrauchen überließ, und ganz abseits an einem Rundtischchen schrieb eifrig ein vollbärtiger, bürgerlich aussehender Mann, der einen Zwicker trug und im Gegensatz zu allen anderen an einer Zigarre sog.

Lautensack mußte freundlich von mir gesprochen haben, und hinter meiner Kuhhaut verborgen hörte ich teilweise noch das Lob meiner ärztlichen Tugenden. »Meinem alten Herrn hat er seinen Bronchialkatarrh in drei Wochen radikal vertrieben, und zwei von meinen früheren Lehrern schwören Stein und Bein auf seine Mittel. Auch schreibt er hie und da ein ganz hübsches Gedicht; erst neulich stand eins in den Meggendorfer Blättern, und was ihr nicht vergessen dürft: er hat die weite Reise nur gemacht, um unser Brettl zu sehen – also seids halt ein bißl nett zu ihm! Er lebt so allein in der ungeistigen Kleinstadt, und wenn er einmal ein Stünderl mit euch reden dürft, wär er der glücklichste Mensch.« Bei der Erwähnung der netten Gedichte, auf die es mir vor allem angekommen wäre, warf nur Leo Greiner einen flüchtig abschätzenden Blick herüber; den andern mochte ein Kleinstadtarzt mit literarischem Ehrgeiz kein sehr bemerkenswerter Gegenstand sein. Immerhin erwachte Wohlwollen auf allen Gesichtern, besonders den weiblichen, und es dauerte nicht lang, so durfte mich der gute Henkersknecht an den Tisch der Elf hinüberholen, wo ich Damen und Herren meine freudige Bewunderung für den gestrigen Abend aussprach, vor allem für die Aufführung des Gedichts ›Der Tod singt‹. Fast war ich froh, daß augenscheinlich niemand auf den Gedanken kam, ich könnte selbst eine verwegene Hoffnung hegen, auf der kleinen Bühne der Scharfrichter vor die Öffentlichkeit zu treten, und als die reizende Gattin des Lautensängers Kothe, die vor einigen Monaten Mutter geworden war, manches von mir zu wissen wünschte, worüber eine Kinderärztin oder eine Hebamme weit besser hätte Auskunft geben können, war ich abermals Lautensack dankbar, der mir zu Hilfe kam, indem er, freundschaftlich übertreibend, meine Tätigkeit als Lungenarzt hervorhob. Die besten Verse wären nicht imstand gewesen, mich so, wie es durch diese Anpreisung geschah, zum Mittelpunkt der allgemeinen Aufmerksamkeit zu machen; ich schämte mich meiner literarischen Ambitionen und bemühte mich, den edlen Kreis von ihnen wegzulenken. Sogar Marya Delvard, die mich bisher kaum beachtet hatte, ließ den letzten Rest von diabolischer Dämonie aus ihrem Gesicht verschwinden und wandte sich gutmütig-bürgerlich ihrem bleichen Gatten zu: »Hörst du, Henry? Dieser Herr ist Spezialist, er hat exzellente Mittel für deine empfindliche Lunge; sie sind auch für deine Nerven gut, du wirst nicht mehr so schnell müde werden, mon cher ami – o Sie geben uns Ihre entzückenden Tabletten, nicht wahr, Monsieur le docteur?« – Sie bat in dem Schulmädchenton, in dem sie sich gestern ›ein gutes unschuldvolles Kind‹ genannt hatte, und streichelte mir dabei vertraulich wie einem guten alten Onkel die Hand. Marc Henry, an seine Lunge erinnert, hüstelte mit leidendem Lächeln, machte dann aber eine strenge Miene und erbat sich Angaben über Herkunft, Eigenschaften und Wirkungsart des

Mittels. Gern teilte ich mit, was ich vom Vater wußte, sagte, das Pilokarpin sei pflanzlicher Herkunft und werde von den Blättern des Jaborandistrauchs gewonnen, der in die Familie der Rautengewächse gehöre, das heilsame Alkaloid erscheine in Form von Kristallen; diese ließen sich leicht in Wasser oder in Weingeist auflösen und würden auf Lungen- und andere Organgewebe den heilsamsten Einfluß ausüben, wenn man sie in winzigen, gleichsam homöopathischen Verdünnungen verwendete. Damit waren, ohne daß es mir bewußt wurde, gewisse mystisch klingende Lieblingsbegriffe moderner Laienkreise ausgesprochen, die besonders in Schwabing gern gehört wurden: pflanzliche Herkunft, kristallinische Form, homöopathische Gaben.

Vom anderen Ende des Tisches her trat mir jedoch ein junger Mann mit übermäßig energischen Zügen und mächtigem Lockenhaupt höflich, aber kritisch entgegen. Er hatte mir verständnisvoll und nicht ohne Wohlwollen zugehört, meinte jedoch am Ende, ich unterschätzte allzusehr die gefährliche Macht der Bazillen, vertraute zu sorglos gewissen Medikamenten, die vielleicht erst erprobt werden müßten. Er sei kein Mediziner, habe jedoch viele Werke gründlich durchstudiert und könne sich nicht vorstellen, daß ein moderner Arzt noch auf Einspritzungen mit Tuberkulin verzichten dürfte. Ich weiß nicht mehr, was mich bewog, bescheiden zu erwidern, in meiner Praxis hätte ich es nur selten mit Fällen allerschwerster Art zu tun, und Tuberkulin-Injektionen kämen mir vor, als wollte man mit Kanonen auf Spatzen schießen; außerdem wären sie nicht ungefährlich. Ganz aufrichtig war dies keineswegs ; denn an schwer Kranken fehlte es mir nicht, ich wollte nur keinen gelehrten Streit hervorrufen, der zu unendlichen Wortgefechten geführt hätte. Mein höflicher Gegner aber wollte glänzen, ihm lag daran, die Rolle der Bazillen in ihrer ganzen Furchtbarkeit anschaulich zu machen, und er erinnerte an ein unheimliches Ereignis, das vor wenigen Jahren für kurze Zeit die große Beängstigung der Welt gewesen war. Er sprach von der Infektion mit Pestbazillen, die im Spätherbst 1898 von einem Laboratorium der Wiener Universitätsklinik ihren Ausgang genommen hatte. Zum Studium der Pest war von der Wiener Akademie der Wissenschaften eine Expedition nach Bombay entsandt worden, welcher auch die Ärzte Anton Cohn und Hermann Franz Müller angehörten. Sie mußten in Bombay unter schwierigsten Verhältnissen in ganz kleinen Räumen ihre Forschungsarbeit leisten, die trotzdem gut vonstatten ging und in Wien zu Ende gebracht werden sollte. Um dies möglich zu machen, nahmen sie unter strengsten Vorsichtsmaßregeln Pestkulturen auf die Heimreise mit, und im bakteriologischen Institut der Universität gingen die Untersuchungen weiter. Aber Barisch, ein Laboratoriumsdiener, hatte sich auf einem Wege, der nie genau ermittelt wurde, vielleicht schon in Bombay, angesteckt. Er erkrankte am 15. Oktober 1898, und zwar zunächst nur in Form einer gewöhnlichen Lungenentzündung, wie sie überall in der Welt jeden Tag vorkommen kann, und weil sich zunächst auch im Mikroskop keine unzweifelbaren Pestbazillen zeigten, so wollte der behandelnde Arzt, Dr. Müller, nicht sofort glauben, daß er es mit der asiatischen Seuche zu tun habe. Auf jeden Fall sonderte er den Barisch von allen anderen Kranken ab und desinfizierte alles, was mit ihm in Berührung gekommen war; doch schon am nächsten Morgen ließ das Mikroskop die gefürchteten kurzen Stäbchen erkennen, und drei Tage später starb Barisch. Mittlerweile waren auch die Pflegerin Pecha und der Dr. Müller selbst erkrankt; sie starben nach wenigen Tagen. Die anderen erkrankten Wärterinnen aber widerstanden dem Gift, und nachdem sie vollkommen genesen waren, trat kein neuer Fall mehr auf; die ungeheuerste Bedrohung war von der Wiener Bevölkerung abgewandt. Man hatte die Öffentlichkeit nicht einen Tag lang über Charakter und Verlauf der Krankheitsfälle im unklaren gelassen, und als nun die Epidemie gleichsam noch mitten im Entstehen endgültig erloschen war, ermaßen die Lebenden erst, welch große Arbeit die

Forschung seit Jahren in Stille und Geduld geleistet hatte, besonders da nun auch alle Tageszeitungen eindrücklich daran erinnerten, daß noch im fünfzehnten Jahrhundert der vierte Teil der abendländischen Menschheit dem Schwarzen Tod zum Opfer gefallen war.

Mein Gegner war ein gewandter Erzähler; er konnte die kritischen Wiener Tage höchst anschaulich schildern, und doch kam es mir vor, als wäre ich der einzige, auf den das Bazillenschreckgespenst sehr tiefen Eindruck machte; den andern schien die böse Mär nicht neu, vielleicht hatte er sie schon wiederholt zum besten gegeben. Jedenfalls ließ mancher merken, daß ihm ein anderes Thema erwünschter wäre; ich aber sagte mir im stillen, daß für mich der Weg des Vaters doch der richtige war, vielleicht weil er von meinen eigenen Voraussetzungen und Erfahrungen ausging.

Durch die hohe Glaswand, die den Gästeraum des Café Stefanie von der Straße trennte, sah ich in das traumhafte Treiben der weißen Flocken hinaus, wo schon jede vorübereilende Dame einer Schneekönigin glich. Ein Mädchen mit weitem Umhang und großer Kapuze stampfte sich zwischen äußerer und innerer Tür den Schnee von ihren Stiefeln; gleich darauf aber ging sie mit Blumensträußchen durch den Kaffee-Salon. Endlich stand sie vor dem Tisch der Elf Scharfrichter, um ihnen Mimosen, Veilchen und Frühlingsknotenblumen anzubieten. Als niemand Miene machte, ihr ihre duftende Ware abzunehmen, fiel mir Lautensacks Klage von gestern abend ein. Ob es den Begriff ›Kulturschande‹ schon damals gab, weiß ich nicht; doch als etwas dergleichen hätte ich es jedenfalls empfunden, wenn Marya Delvards violettes Kleid, Frau Falckenbergs grauer Pelz oder Frau Kothes dunkles Kostüm ohne Blumenschmuck geblieben wären. Die zarten Geschenke durchhauchten den Raum; die ganze Poesie der großen Stadt erquickte das Herz. Die Unterhaltung zog sich bis zum Abend hin. Meistens drehte sie sich um den Staat und um sein schnödes Werkzeug, die Zensur, die mir zum ersten Mal als böse Spielverderberin enthüllt wurde. Dies war ein Thema, das mit gar nichts anderm enden konnte als mit Anekdoten aus dem Leben Wedekinds. Daß der mit Staatsanwälten und Zensoren in dauernder Fehde lag, war allbekannt, und er führte den Krieg besonders geistreich und bissig, seit er in die Schriftleitung des vielgelesenen Simplicissimus eingetreten war. Sein Ansehen wuchs unaufhaltsam, und auch in dem Lager, das ihn von Amts wegen bekämpfen mußte, fehlte es ihm nicht an Bewunderern.

Ehe die Scharfrichter sich verabschiedeten, kam noch eine Art Vertrag zustande. Ich verpflichtete mich, Pilokarpin-Tabletten in beliebiger Fülle kostenlos an die Leitung des Brettls zu senden, und sollte dafür eine Dauer-Ehrenkarte erhalten, die mich zum freien Besuch sämtlicher Vorstellungen berechtigte. Zuletzt lernte ich noch Jodok kennen; dies war der Mann, der noch immer abseits an einem Tischchen einen gereimten Begrüßungsmonolog für den übernächsten Abend schrieb. Er stellte sich vor mit seinem bürgerlichen Adelsnamen: Freiherr Hanns von Gumppenberg.

Der Schneefall hatte aufgehört, als ich vom Kaffee-Salon aus durch die Stadt ging. Vergangenheit und Gegenwart vermischten sich in einem unbestimmten Glanz von Zukunftshoffnungen. Während ich am französischen Konsulat vorübereilte, erwachte die Erinnerung an Aldine. Wir waren beide öfters diesen Weg gegangen, und zweimal hatte sie mich gebeten, an der Straßenecke doch ein Viertelstündchen auf sie zu warten; sie habe droben im ersten Stock eine wichtige Angelegenheit mit dem Herrn Generalkonsul zu besprechen. Sehr ferne lag mir damals der Verdacht, dies könnte nur eine ihrer Erfindungen sein – ach, sie hatte in dem Amt gewiß ebensowenig zu suchen wie ich selbst. Vermutlich trieb sie sich nur ein Weile auf Treppen und Gängen herum, gab mir jedoch später zu bedenken, wie sehr sie mich liebte, da sie eine Einladung des Generalkonsuls zu einem Tee-Empfang abgelehnt hätte, um den Abend mit mir verbringen zu können.

Solche Vorspiegelungen, die mir zu ihrer Zeit wie gewöhnliche Hochstapeleien vorgekommen wären, wenn ich sie durchschaut hätte, wie verzeihlich, wie kindlich erschienen sie mir jetzt! Fast fing ich an, die erfinderische Phantasie der jungen Lügnerin zu bewundern, und, wenn ich sie mit Marya Delvard verglich, der unechten Französin den Vorzug vor der echten zu geben. Daß ich freilich mit einer so wehmütigen Duldsamkeit an sie zurückdenken konnte, bewies mir wieder einmal, daß meine Jugendzeit zu Ende ging.

Wie es aber den Schuldigen zur Stätte seines Vergehens zieht, so fand ich mich auf einmal in der Herrenstraße vor dem Haus, in dem der Vater wohnte. In einiger Entfernung sah ich die beschneiten Kuppeln der Frauentürme, von Sternen umleuchtet, und am Ende wie am Anfang der kleinen Straße brannte je eine Laterne. Das Haustor war verschlossen. Ich suchte das kleine Schild, auf dem ›Nachtglocke‹ stand. Das Herz klopfte laut und schnell; die Hand ergriff den Klingelzug. Ich glaubte mein Läuten im ersten Stock zu hören, wo zwei Fenster erleuchtet waren, ein Schatten glitt über den Vorhang, dann regte sich nichts mehr. Eine Weile zweifelten Herz und Hand, ob es wohl ratsam wäre, noch einmal zu läuten; sobald ich jedoch zu überlegen anfing, womit ich, ohne zu lügen, meine späte Ankunft begründen, wie ich erklären sollte, daß ich schon gestern hiergewesen war, auf welche Weise ich überhaupt gewissen Fragen begegnen würde, auf die der Vater unmöglich verzichten konnte, da war's wie in der Kindheit, wo mich zuweilen, mitten im Eingestehen, der Mut verließ. Zaudernd trat ich einige Schritte zurück, spähte nach den verdunkelten schweigenden Fenstern und ging mit anfangs langsamen, dann immer schnelleren, schließlich mit Laufschritten in die Stadt zurück. Droben, im Hotelzimmer, ging ich, von Schlaf befallen, sofort zu Bett. Während ich mich auskleidete, versagte das elektrische Licht, das erst vor kurzem eingerichtet worden war, und ich schlief ein, ohne noch einmal auf den Knopf gedrückt zu haben. Das Denken verlor sich in Träumereien, wovon mir noch ein Bild geblieben ist. Vor dem Café Stefanie stand ein strahlend weißes Fahrrad, um das die Menschen in weitem Bogen herumgingen; denn um die Lenkstange war ein breites rotes Band geschlungen mit der Aufschrift: ›Nicht berühren! Gehört Herrn Wedekind!‹ Auf einmal kehrte das elektrische Licht zurück; ich erwachte und glaubte, der Morgen sei schon da. Die Uhr zeigte aber erst zwei Uhr; ich schaltete die Lampe wieder aus, schlief abermals ein und erwachte gegen sieben Uhr, wie ich es daheim in Passau gewohnt war. Fest entschlossen, über nichts nachzudenken, begab ich mich in einer Art wohltätiger Ernüchterung zu dem Instrumentengeschäft von Katsch, ersuchte den Verkäufer, mir die neuesten Apparate zur Messung des Blutdrucks nach Riva-Rocci zu zeigen, und bat ihn, mich an seinem eigenen entblößten Arm ein wenig im Gebrauch der ganzen Vorrichtung üben zu dürfen.

Gerade noch rechtzeitig erreichte ich mit meinem wohlverpackten Sphygmomanometer den Passauer Schnellzug, in dessen fast überheiztem Abteil ich mich meinen Erinnerungen an die Elf Scharfrichter überließ. Beruhigt sah ich ein, daß für meinen besonderen literarischen Ehrgeiz von jenem edlen Künstlerkreise nichts zu erhoffen war; nur in Leo Greiners ernsten feinen Zügen glaubte ich etwas Verwandtes und Ermutigendes zu entdecken. Die Erscheinung aber, von der ich am innigsten fühlte, sie könne mir nie wieder ganz verlorengehen, schwebte weit außerhalb der Theaterwelt: es war der stille fromme Dichter der wunderbaren Reliquien, daneben seine hohe schlanke, silberblonde Frau mit der blutroten Korallenkette. Die beiden Erscheinungen ergänzten sich in der geistigen Welt geheimnisvoll zu einem jener Doppelsterne, die nicht sogleich erkennen lassen, wer das Zentralgestirn und wer sein Begleiter ist.

KLEINE ERFAHRUNGEN

Ohne den Vater gesehen zu haben, fuhr ich von München nach Passau zurück. Das Bewußtsein der Untreue lag als ein tragischer Schatten über Träumen und Handeln; ich suchte mich davon zu befreien, indem ich den immer noch leidenden Mann so gewissenhaft wie möglich vertrat.

Unter den Krankheitsfällen, die damals meine Zeit in Anspruch nahmen, waren einige, die eigentlich unter die Obhut anderer Ärzte gehört hätten; doch verhalf mir beinah jeder zu einer menschlichen oder wissenschaftlichen Aufklärung, mancher drängte mir sogar gegen meinen Willen eine Seelsorgerrolle auf.

Ein Mann in mittleren Jahren klagte sich unter Tränen an, er könne seine Frau nicht mehr lieben, seit sie infolge einer Krankheit ihr Gedächtnis verloren habe. Wenn er mit ihr von gemeinsamen Erlebnissen spreche, sich auf irgendein liebes Wort oder eine zärtliche Stunde der Vergangenheit berufen wolle, so lächle sie ihn nur immer verständnislos und freundlich an, und endlich habe er begriffen, daß all sein Reden und Schmeicheln keine Erinnerung in ihr wachriefe. Mich gemahnte dies an jenen Patienten in der Münchener Klinik, der sich nach einer Gehirnblutung seiner wichtigsten, folgenreichsten Handlungen nicht mehr entsann. Ich wollte den betrübten Ehemann trösten, indem ich ihm zu erklären versuchte, im Herzen seiner Frau sei sicherlich alles gemeinsam Erlebte treulich zugegen, wenn sie sich's auch jetzt mit ihrem gestörten Verstand nicht zum Bewußtsein bringen könnte. Es liege wie ein goldener Schatz in verschlossener Truhe, zu der im Augenblick der Schlüssel verlegt sei; doch dieser werde sich wieder finden. Wovon aber die Möglichkeit des Wiederfindens abhing, darüber schwieg ich; denn es war die Frage, die mir damals viel im Kopf herumging. Ich las alles Neue, was über die Physiologie der Nervenzellen in Zeitschriften und Büchern erschien, und zwar mit besonderem Eifer, als mir der Name meines verehrten Lehrers und Examinators Richard Hertwig in einer dieser Arbeiten begegnet war. Dabei berichtigte sich ein Irrtum früherer Jahre, den ich einst auch auf meine Freunde Walter und Hugo übertragen hatte, als ich mehr phantasie- als kenntnisreich behauptete, jene Zellen des Zentralnervensystems, welche unsere Eindrücke aufbewahren, wären wie alle anderen Körperzellen vergänglich und würden immer wieder durch neue ersetzt. Gerade das Gegenteil war durch gewissenhafte Forschungen sehr klar bewiesen worden. In dem Buch von Korschelt ›Lebensdauer, Alter und Tod‹ fand ich die Grunderkenntnisse ausgesprochen, die meinem gereiften Denken ohne weiteres einleuchteten: jene elementischen Baustücke des Hirn- und Nervengewebes sind den Keimzellen verwandt und wie diese unersetzbar. Ja, die Neurone, die der Mensch mit auf die Welt bringt, behält er bis zum Tode; auf ihnen beruht sein Erinnerungsvermögen, sie altern und sterben mit ihm, der Ausfall solcher Gebilde ist also unheilbar. Und wie im Klavier ein Ton nicht mehr erklingen kann, wenn die entsprechende Taste herausgebrochen ist, so kommen gewisse Vorstellungen nicht mehr zustande, wenn die tragenden Zellen des Gehirns zugrunde gegangen sind.

Das Leben verlor durch die neuen Einsichten durchaus nichts von seinem Geheimnis; eigentlich bestätigten sie nur den hohen Wert jener Gewebe, in denen Geistes- und Körperwelt miteinander in Verbindung treten; deshalb mahnte ja auch der Vater unermüdlich, sie richtig zu behandeln, sie nicht durch grobe Zumutungen zu verstimmen, sie aber auch nicht zu verzärteln. Je feiner organisiert jene kostbaren Neurone sind, um so reiner und freier kann der Geist auf ihnen spielen. Ich setzte mich eines Morgens an den Schreibtisch und widerrief bei den Freunden Walter und Hugo in lapidaren Briefen den früheren Irrtum. Ob jedoch bei jener gedächtnislos gewordenen Frau die Gehirnzellen, die ihre Leistung schuldig blieben, vernichtet oder nur beschädigt waren, erfuhr ich nicht mehr; sie starb nach kurzem Krankenlager an einer Lungenentzündung.

Meine Münchener Verpflichtungen hielt ich ein, sandte die versprochenen Pilokarpin-Tabletten an Marc Henry, den obersten Scharfrichter, empfing dafür einen kurzen Dankbrief und die Ehrenkarte, die mich zum Dauerbesuch sämtlicher Vorstellungen berechtigte. Daß ich die Freundlichkeit, mit welcher mir die Elf Scharfrichter begegnet waren, genaugenommen eben doch dem Vater verdankte, wollte ich mir natürlich ungern eingestehen.

An einem Februartag des Jahres 1904 oder 1905 sah ich an den Passauer Straßenecken Plakate angebracht, die ein Gastspiel des Hofschauspielers Konrad Dreher ankündigten. Der Gesangs- und Charakterkomiker vom Münchner Gärtnerplatztheater erfreute sich nicht nur in Bayern, sondern auch in anderen deutschen Ländern einer ungemeinen Beliebtheit. In Passau drängte sich reich und arm zu den zwei Abenden, auch aus Österreich hatten sich Liebhaber gemeldet, und als ich von meinen Morgengängen heimkehrte, ging ich zur Theaterkasse, um für Mutter, Schwester und mich selbst Karten zu besorgen. In meiner Wohnung fand ich mich von Patienten erwartet, zugleich aber auch von dem Hausdiener des Hotels ›Bayerischer Hof‹, der mir ein Briefchen übergab und um schnelle Antwort bat. Die sehr kurze Mitteilung war von Konrad Dreher selbst; er litt an einer heftigen Erkältung und fragte an, ob es mir möglich wäre, zu ihm zu kommen, und zwar sofort. Einmütig erklärten sich alle Wartenden zur Geduld bereit; den Dreher wollte niemand warten lassen. Ich begleitete den Boten und wurde von dem Besitzer, Herrn Freudenberger, selbst über die breite Stiege zur Zimmertüre Nr. 1 des alten Hauses geführt. Die Stube war sehr groß, hell und gut geheizt. Nahe dem Fenster stand ein hoher Gummibaum mit ledergrünen Blättern, davor ein behäbiger Schreibtisch, an dem Dreher saß, über große beschriebene Bogen gebeugt.

Es verminderte meine Befangenheit, daß mich der freundliche Mann in dem gleichen grauen, rot gefütterten und verschnürten Schlafrock empfing, wie ihn mein Vater zu tragen pflegte. Gesicht und Haltung sind heute vielleicht am besten durch Gulbranssons vortreffliche Karikaturen gekennzeichnet. Seine große Nase war an jenem Tag durch einen Schnupfen verschwollen, die Stimme beinahe tonlos, die Brust durch Hustenstöße erschüttert, die Augen tränend und gerötet, wozu er gleich bemerkte, entzündliche Lidränder wären bei ihm der gewöhnliche Zustand. Er nannte mir auch ein Mittel, das diese Reizerscheinung für einige Stunden zum Verschwinden brächte, winzige weiße Körnchen, die ihm einmal sehr genützt hätten, als er in Anwesenheit des Kaisers habe singen müssen. Was ihn aber heute vor allem ängstige und quäle, wären Heiserkeit und Husten, die ihn vielleicht sogar zwingen könnten, sein Gastspiel abzusagen. Nachdenkend erwog ich, daß für einen durchschlagenden Erfolg, der doch noch am nächsten Abend eintreten sollte, die homöopathisch milden Dosen, die mein Vater gern verordnete, nicht zureichen würden, und verschrieb kräftige Mittel in ungewöhnlichen Gaben, die eigentlich schon die erlaubten Grenzen überschritten, so daß ich sie mit Ausrufungszeichen versehen mußte, um den Apotheker zu belehren, daß die Dosen nicht aus Versehen, sondern mit voller Überlegung so hoch bemessen waren. Meine Anweisung gab ich zu schneller Besorgung dem Zimmerfräulein und nahm sodann Drehers Einladung, mit ihm eine Tasse Kaffee zu trinken, mit Freuden an. Die Münchner Atmosphäre, die ihn märchenartig dicht umgab, war wieder eine völlig andere als die vom Café Stefanie; ich fühlte mich jedenfalls in seiner Gegenwart unglaublich wohl und zweifelte nicht an dem guten Ausgang. Daß er nicht einen würdevollen Medizinalrat, sondern, vermutlich auf Anraten der Frau Freudenberger, den jüngsten Arzt der Stadt hatte rufen lassen, zeugte für seine zutrauliche Vorurteilslosigkeit. Gewitzigt von meinen Scharfrichter-Erfahrungen, hütete ich mich natürlich sehr, ihm von meinen dichterischen Versuchen etwas zu verraten. Er selbst aber erzählte unbefangen, daß er vor kurzem begonnen habe, ein Buch mit Versen in bayerischer Mundart für Kinder zu schreiben, wozu ich ihn kräftig bestärkte.

Am nächsten Abend kamen Mutter und Schwester von Seestetten herein; sie sprachen von einem uralten bewährten Gebet, das sie in Tante Josefines Andachtsbüchlein gefunden hätten und nun dem Dreher zuwenden wollten. Ich selbst erwartete natürlich das meiste von meinen starken Pulvern; doch widersprach ich den beiden nicht. Jedenfalls konnten wir uns als Zuschauer im Theater mit vielen anderen überzeugen, daß alles besser ging, als wir hoffen durften. Auch der Patient selbst war zufrieden, und für den Rest seines Aufenthaltes in unserer Stadt widmete ich ihm gern meine freie Zeit, begleitete ihn auch zum Bahnhof, als er heimreiste.

Daß auch dieser Mann, der Tausende mit seinem humorvollen Spiel erheiterte, von hypochondrischen Befürchtungen verfolgt wurde, erfuhr ich, während wir, den Zug erwartend, auf dem Bahnsteig auf- und abgingen, vielfach begrüßt von den Verehrern des beliebten Gastes. Rheumatismus, Ischias, Kopfweh, Schluckbeschwerden, Ekzeme, Herzklopfen, Schlaflosigkeit, für diese wie für manche andere Übel erbat er sich Rezepte, und als der Zug einfuhr, hatte ich eben mein letztes Formular verschrieben. Wir schieden wie Freunde; er meinte, Passau wäre auf die Dauer kein Wohnort für mich, und riet mir, nach München zu ziehen. Da ich ihm keine Rechnung schickte, sandte er mir nach kurzer Zeit ein Buch mit freundlich dankbarer Widmung. Es war ein schöner alter Band, geschmückt mit vielen bunten Bildern, in dem ich heute noch mit Vergnügen lese: die Geschichte des Grotesk-Komischen von Floegel-Ebeling.

Ein eigentümlicher Fall enthüllte mir übrigens bereits in den folgenden Wochen gewisse Wirkungen des Pilokarpins, die mir viele Jahre später, ohne mein Zutun, von einem Augenarzt in Bremen bestätigt wurden. Eine junge Arbeiterswitwe ließ mich rufen, die von einer entzündlichen Reizung der Luftröhren nicht loskommen konnte. Sie bewohnte mit ihren zwei Knaben ein paar Stübchen in der Heiligen-Geist-Gasse und schneiderte für kleine Leute. Sie war von zierlicher Figur und einem sehr bestimmten Auftreten, so daß ich sie für eine Norddeutsche hielt, ehe sie zu sprechen anfing; dem Gesicht war eine kleine Ähnlichkeit mit der Mona Lisa nicht abzusprechen. Jetzt aber schien sie von Sorgen befangen, und wirklich war ihre Lage drückend. Auf Geschicklichkeit und Fleiß der eigenen Hände angewiesen, fand sie sich seit Wochen zum Nichtstun genötigt, und zwar nicht nur durch Husten und Kurzatmigkeit, sondern mehr noch durch ein rasches Nachlassen der Sehkraft, gegen das weder Brille noch Augentropfen viel ausrichteten. Mir war schon aufgefallen, daß die zwei Buben sich so merkwürdig zwanglos benahmen, als wäre die Mutter gar nicht zugegen, und nach Herzenslust, ohne zu fragen, Brot, Butter und Zucker aus dem Küchenschrank holten. Nun begriff ich, daß die Brüderchen sich dies und wohl auch manches andere nur erlaubten, weil sie zu wenig beobachtet wurden. Hinter dem Spiegel steckte wohl eine Rute; sie war aber vermutlich lange nicht mehr gebraucht worden.

Ich verordnete das Alkaloid Pilokarpin nach gewohnter väterlicher Vorschrift, setzte ein leichtes narkotisches Mittel und Eibischsirup dazu und ließ die Frau stündlich eine kleine Menge dieser Lösung schlucken. Nach zwei Tagen mußte das Fläschchen leer sein und sogleich in der Apotheke nachgefüllt werden.

Beim nächsten Besuch waren die Brustbeschwerden etwas geringer; ich bestärkte die Frau zur Fortsetzung der Kur, fand mich aber bald von anderen Fällen abgelenkt und kam erst nach zwei Wochen wieder an dem Haus vorbei, wo sich mittlerweile viel verändert hatte. Traulich surrte das Rädlein der Nähmaschine dem Eintretenden ins Ohr; es war noch eine, die man mit der rechten Hand in Gang hielt, während die linke den Stoff unter die Nadel schob. Meine Patientin stand auf; über ihren Schultern hing ein Meßband. Sie lobte ihr Befinden und begann wie eine, die nicht viel Zeit hat, sich zur Untersuchung eilig zu entkleiden. »Nicht herschauen jetzt!« gebot sie den zwei Knaben und zog dadurch natürlich deren Aufmerksamkeit auf sich; gleich aber saßen sie wieder bescheiden am Tisch einander gegenüber und zeichneten auf ihren Schiefertafeln. Statt der Rute lag ein spanisches Röhrchen zwischen ihnen; augenscheinlich hatte ein Strafgericht stattgefunden.

Ich fragte die Frau, ob sie wieder beim Augenarzt gewesen wäre. Sie verneinte, sagte, sie hätte sich die Tropfen vier Wochen lang eingeträufelt, ohne eine Besserung zu spüren, und schließlich damit aufgehört; nun sei es auf einmal von selbst besser geworden.

Nach der Untersuchung erbitterte sie sich aufs neue gegen die zwei Sprößlinge, denen die Verminderung ihrer Sehkraft so willkommen gewesen war. »Schaung Sie sichs nur an, was sie angestellt hamm, die Galgenstrick', die miserabligen!« Sie führte mich in eine Ecke und zeigte mir den begangenen Hauptfrevel, immer wieder den Kopf schüttelnd über die abgründige Falschheit der ertappten Sünder, die ihr weismachen wollten, es wären Ratten in der Stube herumgelaufen, die müßten's gewesen sein. Die Buben hatten mit Küchenmessern ziemlich tiefe Grübchen in ein Brett des Fußbodens geschnitzt, um bei schlechtem Wetter auch daheim in der Wohnung mit Schussern spielen zu können; die Untat war erwiesen, alles Leugnen lächerlich. Reumütig warfen sie nun von Zeit zu Zeit unsichere Blicke nach der Zürnenden, voll sichtlicher Bereitschaft, ihr zu Diensten zu sein. »Mutter, weißt dus, daß dein Medizinflascherl leer ist? Darf ichs in die

Apotheke tragen?« fragte der größere. »Nein, *ich* möchts holen«, rief der kleinere, und in diesem Augenblick streifte mich der Gedanke, den später der Augenarzt aus Bremen ganz unbefangen als wiederholte Beobachtung mitteilte, es könnte vielleicht ein Zusammenhang bestehen zwischen dem Pilokarpingebrauch und der Erkräftigung des Augenlichts.

Draußen im Flur suchte ich die noch immer Grollende zu beschwichtigen, indem ich von eigenen Kinderstreichen sprach und erzählte, wie unbarmherzig ich einstmals das feine graue Fell meiner Schultasche mit der Schere bearbeitet hatte, um dessen Wachstum anzuregen. Darüber konnte sie nun herzlich lachen, meinte aber, dafür würde mir mein Herr Vater wohl doch eine tüchtige ›Tracht Strixen‹ verabreicht haben, und verstand nicht recht, was meine Eltern bewogen haben mochte, auf jede Art Bestrafung dieser Schädlingstat zu verzichten. Dagegen schien sie einzusehen, daß man dergleichen Vergehen niemals lange nachtragen dürfe, daß auch jede Züchtigung ihren Wert verliere, wenn sie nicht höchst seltene Ausnahme bliebe. Beim Abschied war sie mild gestimmt und seufzte nur über die vermutlichen Kosten, welche die Wiederherstellung des Fußbodens verursachen würde.

Die frühe Erkenntnis des ärztlichen Anfängers, daß es in der kleinen Stadt ratsam wäre, sich sehr im Schweigen zu üben und eine Maske zu tragen, vergaß ich leider noch allzuoft und verscherzte mir durch unbedachtes eitles Reden das Wohlwollen mancher Menschen.

In der Landgemeinde Ortenburg bei Vilshofen, die sich als protestantische Insel mitten im katholischen Niederbayern erhalten hat, liegt das Dörfchen Söldenau; hier finden sich Reste eines Kalkgebirges, das auch einst Meeresgrund gewesen ist, und man braucht nicht lange zu graben, um Feuersteinknollen, Kamm-Muscheln, Austernschalen, Seepocken und Haifischzähne zu finden. Als ich einmal nach einem Ausflug in die Stadt zurückkehrte und einem alten Herrn, der mich im Anschluß an eine Konsultation zum Abendessen einlud, von meinen Söldenauer Funden mit Begeisterung erzählte, welch ein Gefühl von Alter und Verwandlung der Erde doch jeden heute Lebenden überkommen müsse, wenn er zwischen Wiesen und Feldern, Kornblumen pflückend, die herrliche Landschaft durchwanderte, über der einst Haifische geschwommen wären, da wechselten alle Familienmitglieder befremdete Blicke, und am nächsten Tag empfing ich ein Kärtchen mit schriftlichem Dank für meine ärztlichen Bemühungen, doch auch mit der höflichen Bitte, gelegentlich meine Rechnung zu schicken, was natürlich den Abbruch der Beziehungen bedeutete. Ein wenig tröstete mich freilich am folgenden Tag ein abendlicher Besuch der alten Dame, die ihr Bedauern über den Vorfall ausdrückte und ihren Mann als einen Sonderling entschuldigte, der sich in seiner Würde verletzt gefühlt habe, weil ich ihm, wie er meinte, einen Bären hätte aufbinden wollen.

Damals hatte ich auch das Unglück, mir ein junges Mädchen zur Feindin zu machen, indem ich ihr einige dem Buche von Karl Simrock entnommene Mythologiekenntnisse anvertraute, die sie wahrscheinlich mißverstand. Sie war eine hübsche Person mit lebhaften dunklen Augen und kam eigentlich wegen eines Kehlkopfkatarrhs, bat jedoch bei dieser Gelegenheit auch um ein kräftiges Mittel gegen das dichte dunkle Bärtchen, das ihr seit einiger Zeit auf Kinn und Oberlippe gewachsen war. Mir fiel im Augenblick kein geeignetes Enthaarungsmittel ein, und statt irgendein Rezept, wenn auch ein unwirksames, zu verschreiben, erzählte ich ihr aus purer Verlegenheit wunderbare deutsche Sagen, die mich als jungen Menschen stets entzückt hatten, etwa solche Fälle, wo die Entzauberung aus einer Tiergestalt nicht vollkommen gelingt, so daß zwar ein sehr schöner Körper erscheint, an dem jedoch ein winziger Rest, vielleicht ein Schwanenflügel oder eine Fischflosse, zurückbleibt. Den Vergleich des Damenbartes mit einem solch geheimnisvollen Überbleibsel sprach ich nicht aus; der hübschen Besucherin aber lag er allzu nah, sie kam nie wieder, dankte mir für meinen Gruß nicht mehr und verschrie mich in der Stadt als einen Menschen mit böser Zunge, der gerne zweideutige Reden führte. Da es mir nicht an Patienten fehlte, die mich gegen dergleichen Verkennungen in Schutz nahmen, so ertrug ich den Verlust; dennoch blieb diese Erfahrung bitter für mich, und ich beschloß, mein mythologisches Wissen so gut wie meine Kenntnis vom Aufbau der Erde in alle Zukunft für mich zu behalten.

ERSTE VERSE IN DER ›HILFE‹

In den allerersten Jahren meiner ärztlichen Tätigkeit war ich der Meinung, nichts könnte leichter sein, als kranke Menschen zu behandeln und nebenher dann und wann ein gutes Gedicht zu schreiben. Später jedoch belehrte mich das Leben, daß der traumverwandte Seelenzustand, aus dem zuweilen Verse hervorgehen, sich mit dem Sinnen und Handeln des Arztes nicht immer gut verträgt, besonders wenn der Arzt seine Kunst auf die inneren Organe beschränkt, wobei er sich stets auf den gesamten Menschen konzentrieren muß, oder wenn er sich als Dichter zum Lyriker berufen glaubt, und beides war damals gerade mein Fall.

Eine Prosa zu schreiben, wie sie mir als Wunschbild vorschwebte, gediegen und doch schwebend leicht, das erschien mir noch immer so unerreichbar, daß ich es lieber gar nicht erst versuchte. Noch lange hielt ich den Vers für das einzige mir gemäße Ausdrucksmittel, und weil es vor allem Richard Dehmel war, dessen Gedichte mich wie seine ganze Generation ergriffen und aufwühlten, so war es nur natürlich, daß man aus meinen Strophen den Rhythmus und den Klang der seinigen heraushörte. Zwei Jahre lang hab' ich ihn jedenfalls geradezu kopiert, und was ich auch schrieb, es wurde meistens ein mehr oder minder Dehmelsches Gedicht daraus.

Als im Winter 1953 der nordamerikanische Dichter Thornton Wilder (zum ersten Mal nach dem Zweiten Weltkrieg) Europa besuchte und im Amerikahaus zu München einen vielbesuchten Vortrag hielt, in welchem er jungen Autoren freundschaftliche Ratschläge gab und sie ermutigte, sich ja nicht vor der Beeinflussung durch andere Dichter und Schriftsteller zu fürchten, ja sich der Begeisterung für verehrte Meister getrost hinzugeben, da war ich bereits ein alter Mann, dachte jedoch mit Rührung an jene Passauer und Münchener Zeit zurück und durfte mir sagen, daß ich Wilders guten Rat schon fünfzig Jahre früher fast allzu eifrig befolgt hatte.

Während meiner Münchener und Leipziger Studienjahre war zuweilen ein kurzes Natur- oder Landschaftsgedicht in den Meggendorfer Blättern oder in irgendeiner anderen humoristischen Wochenschrift veröffentlicht worden, und solche kleinen Erfolge kräftigten mein Selbstgefühl; denn daß ein schriftliches Erzeugnis, das nicht gedruckt wird, für die Welt so gut wie nicht vorhanden ist, wußte ich schon. Als ich mich nun in Passau dem Krankendienst widmete, kam es mir auf einmal vor, als hätten sich alle Schriftleitungen von mir abgewandt: meine sämtlichen Einsendungen kehrten prompt zu mir zurück. Dennoch war dies die Zeit, wo Dehmels Einwirkung schwächer wurde, und der junge Heinrich Lautensack glaubte in meinen neueren Versen einen eigenen Ton zu vernehmen, der nicht an Früheres erinnerte. Zur gleichen Zeit wuchs meine Praxis; ich verfügte selten über einen Wagen und ging meistens zu Fuß durch Stadt und Landschaft, wobei mir die wilde Schönheit unseres Donautals, aber auch die traurig-dumpfen Wohnverhältnisse der immer feuchten, oft von Überschwemmungen heimgesuchten Stadt, die sich etwas kühn ›Bayerisches Venedig‹ nannte, eindringlich in die Seele gingen. Auf solchen Gängen vergaß ich jene literarischen Ablehnungen, redete mir wohl gern ein, sie müßten irgendeinen geheimen günstigen Sinn für mich haben.

Zu den Stammgästen meines Kaffeehaustisches, mit denen

ich manchmal Nachmittagsstunden verbrachte, gehörte der Rechtsanwalt Heberle, ein begeisterungsfähiger Mann, in Kunst und Politik hoffnungsvoll auf alles Neue zugehend, äußerlich ein stattlicher schwäbischer Typ mit gut gebautem Kopf, die Augen reiner Azur mit einem freundlich forschenden Juristenblick. Er kannte jedes gewichtige neue Buch, und seit kurzem fand ich ihn öfters in blaue Hefte vertieft, die er gern mit Bleistift bekritzelte und mir angelegentlich zum Studium empfahl. Es war ›Die Hilfe‹, eine Wochenschrift, herausgegeben von Friedrich Naumann, dessen Name damals in weiten Kreisen der deutschen Jugend, nicht nur der akademischen, große Hoffnungen weckte. Heberle rühmte leidenschaftlich die Aufsätze, die bisher in der Zeitschrift erschienen waren, sagte, sie sprächen seine eigene Gesinnung aus, und wenn ich auch eine mehr ästhetisch gerichtete Natur wäre, so könnten sie doch auch mir auf meinem Wege vorwärtshelfen. Er selbst werde jedenfalls von nun an ›Die Hilfe‹ regelmäßig beziehen und sich freuen, wenn ich seinem Beispiel folgte.

Natürlich besprach ich die Sache mit meinem Vater, und dieser hatte eine so starke Sympathie für Dr. Heberle, dessen Hausarzt er überdies gelegentlich war, daß er schon ihm zuliebe die blaue Wochenschrift las und sogar bestellte. Den Friedrich Naumann nannte er einen lauteren Idealisten, gewiß eine verehrungsvolle Bezeichnung, die er freilich niemals auf Bismarck angewendet hätte, und wenn Naumann ein Zusammenwirken von Staat und Sozialdemokratie forderte, so meinte der Vater, das wäre wohl ein schöner Gedanke, aber dazu müßte einerseits Bebel, andererseits Wilhelm der Zweite eine andere Art Mann sein. Ich las ein Verzeichnis der Naumannschen Publikationen, ging in die Waldbauersche Buchhandlung und verlangte das Buch ›Form und Farbe‹, in dem ich eine Auslegung von Goethes Farbenlehre vermutete; doch wieder einmal mitten im Sinnen und Handeln überholte mich die Ausführung eines Planes. In Waldbauers Geschäft gab es nicht nur Bücher, sondern auch ein sehr edles Urkundenpapier, vorzüglich geeignet, Verse darauf zu schreiben, die man für gelungen hielt. Am selben Abend geschah dies noch und, eingeschüchtert von den früheren Zurückweisungen, wagte ich nur zwei oder drei ganz kurze Gedichte meinem sehr höflichen Begleitbrief beizulegen; dann ging die Sendung an Herrn Friedrich Naumanns Berliner Adresse. Die folgenden Tage nahm das ärztliche Denken in Anspruch; auch war ich genötigt, Konsilien mit älteren Kollegen zu veranstalten, was begreiflicherweise keinem jungen besonders angenehm ist, und der Vater, den ich am liebsten zugezogen hätte, war zu seinen Münchener Patienten zurückgereist, leider, ohne sich erholt zu haben. In der nächsten Woche kam jedoch von der ›Hilfe‹ ein Brief, der sich von außen so leicht anfühlte, daß er höchstens ein einziges dünnes Blatt enthalten konnte. Die Mitteilung war auch entsprechend kurz; ich entnahm ihr nur, daß die Gedichte mit verbindlichem Dank entgegengenommen seien. Seit Jahr und Tag verwahrte ich wie seltene Schmetterlinge Postkarten und Briefe von Otto von Leixner, Michael Georg Conrad, Heinrich Hart und Ludwig Jakobowsky, und zur Ergänzung dieser bescheidensten aller Autographensammlungen sollte nun Friedrich Naumanns Antwort als besondere Zierde beigefügt werden. Als ich jedoch die Schrift genauer besichtigen wollte, stand unter dem willkommenen Bescheid ein anderer Name, den ich irgendwo in der ›Hilfe‹ gelesen zu haben glaubte: Dr. Theodor Heuss. Dieser Mann begnügte sich nun nicht damit, die Verse anzunehmen und ein Honorar dafür anzukündigen; sondern in knappen Worten, gleichsam in einem Nebensatz, ermunterte er zu weiteren Einsendungen. Dies hatte vor ihm noch keiner getan, und heute mag es manchem unwichtig vorkommen; für mich bedeutete es jedoch in einer Epoche, wo lyrische Gebilde nicht gar so leicht den Weg in die Öffentlichkeit fanden, unendlich viel, und wenn ich, nach einem halben Jahrhundert, die verschiedenen Phasen und Folgen meines Lebens- und Entwicklungsganges überblicke, so darf ich mir in aller Nüchternheit zugeben, daß jener Tag des Herbstes 1905, wo Theodor Heuss an den lyrischen Versuchen des unbekannten jungen Arztes Anteil nahm, für diesen ein Tag des wahrhaft guten Omens war, der in hellen und in dunklen Zeiten noch manche glückliche Fügung nach sich zog.

LUITGARDE UND AFRA

Einmal kam als letzte Patientin eine Frau von etwa Mitte Dreißig, stellte sich vor als Frau Luitgarde von Pletten und wünschte für sich selbst und ihre Schwägerin Afra von Pletten eine Kur mit Solarson-Injektionen. Solarson war eine Kombination von Eisen und Arsen, galt nicht als Medikament, sondern diente nur zur allgemeinen Kräftigung. »Bei mir selber fehlt es, Gott sei Dank, nicht weit«, sagte Frau von Pletten; ich sah sie an, fand sie gut gebaut, wenn auch vollblütig, doch nicht ohne feine Züge. »Für meine Schwägerin aber würde ich einen Besuch erbitten, wenn es heute nicht möglich ist, so bestimmt morgen. Sie hat sich bereits wundgelegen, fiebert jeden Abend und beschäftigt sich viel mit Gedanken an ihre Auflösung, die sie für sehr nahe hält, ohne sie zu fürchten. Eigentlich hat sie von Natur viel Humor und würde Ihnen gewiß für ein ermutigendes Wort dankbar sein, wenn Sie es verantworten können. Lügen freilich durchschaut sie leicht; machen Sie ihr also nichts vor; sprechen Sie lieber von der ›Nachfolge Christi‹ des Thomas a Kempis; das ist ihr Heiliger, und er entmutigt sie nicht.« Ich versprach, am nämlichen Tage noch zu kommen, und stellte mich gegen vier Uhr ein. Die beiden Damen wohnten in einem alten geräumigen Hause, einem früheren Palazzo, wie man sie in der italienisch gebauten Stadt noch manchmal findet. Im vierten Stock las ich auf einem Porzellanschildchen von Pletten. Wo die breiten Stufen endeten, begann eine sehr schmale Treppe, an die sich noch eine kurze steile Stiege mit eisernen Sprossen anschloß. Frau von Pletten hatte mich ersucht, vorauszugehen; schließlich mußte ich mich bücken, und nun traten wir, eines nach dem andern, durch eine niedrige Tür auf das flache Hausdach hinaus, wo Fräulein Afra in einem Liegestuhl ruhte, die Augen durch eine sehr dunkle Sonnenbrille geschützt, Gesicht und Haare naß von Schweiß, die Stirne vom Strahlenbrand angegriffen.

Ich hörte ein feines Klingeln und spürte mir etwas um die Waden streifen; es war eine schöne Katze von samtenem Grau, und Afra erklärte gleich, sie habe ihr ein Glöckchen umgehängt, um die Vögel vor ihr zu warnen. Jetzt stellte mich Frau Luitgarde vor und bot mir einen Sessel an, obwohl ich nicht müde war; dagegen schienen ihr selber die paar Stufen und Sprossen etwas Beklemmung verursacht zu haben. Sie nahm aus einem Täschchen zwei winzige Tabletten, schluckte sie ohne Flüssigkeit und legte ihre linke Schläfe in die linke Hand.

Meine Kranke nahm ihre dunkle Brille ab, trocknete sich Stirne, Kinn und Wangen und sah mich aufmerksam an. Aus ihren seltsam runden Augen, die tief in den Höhlen lagen und eigentlich nur aus Pupillen bestanden, traf zuweilen ein schalkhafter Seitenblick ihre Schwägerin, wobei sie ihr die Hand drückte.

»Ich glaube, Sie wollen mich untersuchen«, sagte Afra plötzlich wie jemand, der sich ungern in Unvermeidliches fügt, und zog errötend, aber mit entschlossenem Ruck, ihr Hemd herab. Der Befund war weniger bedenklich, als ich nach Luitgardes Ankündigung befürchten mußte. Die wundgelegenen Stellen der Haut verheilten schon; aber die Lungenspitzen atmeten unfrei, und die Körperwärme war so erhöht, daß ich die Zahl der Grade lieber verschwieg. Ich fragte höflich, ob es denn doch ratsam wäre, die zarte fiebernde Natur der Hochsommerhitze auszusetzen, die der Zinkblechboden gesammelt zurückwarf; aber da stimmte Frau Luitgarde ein hohes Lied von der ewigen Sonnenheilkraft an, und Afra, die doch das Opfer dieses leicht erkennbaren Irrtums war, widersprach ihr nicht.

Auf die Frage nach ihrem subjektiven Befinden sagte sie nur, sie müsse zur Zeit viel träumen; aber von jedem Traum erhalte sie Aufschluß über ihr bevorstehendes Befinden. »Wenn ich grüne Sommerwiesen sehe, so folgt ein guter Tag; auch ein Schneefeld hat noch keine schlimme Bedeutung. Muß ich mich aber, von Durst gequält, über eine Sandwüste schleppen, so weiß ich, daß bis zum nächsten Abend mein Fieber steigen wird.« Da Solarson gegenwärtig in keiner Passauer Apotheke vorrätig war, so verschrieb ich für Fräulein Afra vorerst eine Mixtur, eine, wie mir schien, ausgesucht feine Zusammensetzung mit Pilokarpin und anderen Mitteln, gewürzt mit Orangensirup, und überreichte Frau von Pletten das Rezept. Sie meinte, man sei sonst von Ärzten keine so deutliche Handschrift gewöhnt. Afra jedoch sagte, das nächste Mal müßte ich in aller Frühe kommen, dann würde ich ihre blauen Winden blühen sehen. »Sie sind unser ganzer Stolz; doch blühen sie nicht länger als bis elf Uhr. Später finden Sie nur noch einen versengten Rest.« Abschiednehmend hielt Afra eine Sekunde lang meine Hand in der ihrigen und drückte sie beim Loslassen kaum fühlbar noch einmal.

In den nächsten Tagen mußte ich wieder Mater Gonzaga besuchen, deren Befinden sich verschlimmert hatte. Sie verfiel zusehends und mußte schon die Durchsicht einfacher Schulaufgaben ihrer Zöglinge mit unerträglichem Kopfweh büßen. Im Grunde war mir die Rückkehr zu der Tätigkeit im Kloster nicht unwillkommen. Suche ich in der Erinnerung nach Personen, die sich mir als wahrhaft Fromme, schon auf Erden Selige eingeprägt haben, so begegnet mir immer wieder Mater Gonzaga. Wenn ich ihre leisen, aber vollkommen reinen Herztöne hörte, glaubte ich ihr ganzes Wesen zu erkennen. Sie klangen meinen Ohren wie Musik, ich konnte sie mit keinen anderen verwechseln. Da eine Unterhaltung außerhalb des ärztlichen Bereichs mit ihr nicht möglich war, so ersann ich, um in einer Art lebendiger Verbindung mit ihr zu bleiben, kindische Methoden, die ich wohlweislich geheim hielt, am meisten vor mir selber, wie man Zeichen von Unreife verbirgt. Medizinen, die ich ihr verordnete, verschrieb ich gern auf einem zweiten Rezeptformular auch für mich selbst und schluckte sie gewissenhaft zu den nämlichen Stunden, die ich auf ihrem Arzneiglas angegeben hatte.

Als ich wieder bei den Damen Luitgarde und Afra eintraf, ging alles anders, als ich erwarten konnte; Eitelkeit, Überempfindlichkeit und Mangel an Erziehung spielten mir unverhoffte Streiche; ich hatte wahrlich einen schwarzen Tag. Luitgarde bat mich in ihre Wohnung. »Wir müssen uns doch über den Zustand unserer lieben Kranken ein wenig aussprechen«, sagte sie und führte mich an ein Tischchen, wo auf Platten von ehrenpreisfarbenem Blau dünne Scheiben von geräuchertem Lachs und anderen scharfgewürzten Leckerbissen verteilt waren. Eine Verbindung von Krankenbesuch mit Gastmahl war mir bisher nur beim Bahnschaffner Thomas und seiner Frau widerfahren, als wir angesichts des ehrwürdigen Röntgenbildes den toten Wolfi feierten. Es durfte jedenfalls nur seltene Ausnahme sein, und im stillen sagte ich mir, Fräulein Afra müsse meine Arznei schlecht vertragen haben; denn nicht die leiseste Bemerkung über etwa eingetretene Besserung vernahm ich aus dem Munde der Wirtin. Leider befreite mich ein zufälliger Blick unter den Schreibtisch auf kränkende Weise von meinem Zweifel. Dort nämlich lag auf dem Fußboden meine Verordnung, von der ich mir eine besondere Wirkung erhofft hatte; sie war also gar nicht ausgeführt worden.

Frau Luitgarde goß aus einem Fläschchen etwas Wein in ihr Glas und wollte gerade das meinige füllen, als ich die Verschmähung meiner Heilkunst entdeckte, für welche ich als unbekannter Anfänger noch doppelt empfindlich war. Unheimlich war mir auf einmal der überalterte Palazzo samt seinen

Bewohnerinnen; ich zerriß mein Rezept, erklärte, ich sei keinswegs zur Unterhaltung, sondern zu einem Krankenbesuch gekommen, und schickte mich zum Gehen an. »Was haben Sie eben zerrissen?« fragte Luitgarde. »Doch nicht am Ende die Verordnung, die wir seit drei Tagen überall suchen?« Sie schien ehrlich erschrocken. »Gehen Sie nur, Herr Doktor, Sie großes Kind! Aber ehe Sie uns verlassen, schreiben Sie doch das Rezept noch einmal! Afra fragt immer wieder danach. Erst gestern meinte sie, es müsse dunkle Engel geben, die den armen Menschen die Augen zuhalten, so daß ihnen gerade das Wichtigste entgeht, auch wenn es vor aller Augen liegt.« Sie lächelte; aber wenn ich auch ihre Worte überhören wollte, so erschreckte mich doch ihr Ton, der einen grenzenlosen Lebensüberdruß verriet; auch ihr Gesicht entfärbte sich, als wäre in ihrem Blutkreislauf eine Störung eingetreten. Ein Gedicht Stefan Georges fiel mir ein, das ich vor kurzem in dem frühen Bande ›Die Fibel‹ gelesen hatte: die Verwandlung eines Gleichgültigen in einen liebevoll Bewundernden fand ich in vierzehn Zeilen meisterhaft zur Anschauung gebracht; es war betitelt ›Wechsel‹:

Ich sah sie zum erstenmal ... sie gefiel mir nicht:
Es ist an ihr nichts schönes
Als ihre schwarzen schwarzen haare.
Mein mund berührte sie flüchtig eines tags
Und sehr gefielen mir ihre haare
Und auch ihre hand ...
Es ist an ihr nichts schönes
Als ihre haare – ja – und ihre feine hand.
Ich drückte sie etwas wärmer eines tags
Und sehr gefiel mir ihre hand
Und auch ihr mund.
Heute ist nichts mehr an ihr
Was mir nicht sehr gefiele
Was ich nicht glühend anbetete.

Mir war bei der Erinnerung an diese Verse, als ginge soeben in mir etwas Verwandtes vor.

»Haben Sie Herzbeschwerden?« Es war eigentlich Verlegenheit, die mir eingab, so zu fragen, und sie meinte, ganz in Ordnung werde es wohl bei ihr nicht sein; aber sehr langsam, sehr zögernd entkleidete sie sich. Elektrokardiogramme standen uns noch nicht zur Verfügung; aber mein einfaches Hörrohr bewies mir, daß der Herzmuskel unzuverlässig arbeitete, ja daß die sogenannten Kranzgefäße ihre Aufgabe ungenügend erfüllten. Je deutlicher Luitgarde sah, daß mein kindischer Zorn sich in Beschämung verkehrte, um so liebenswürdiger gab sie sich; ja ein Übermut kam hervor, der sonst nicht ihre Art war. Sie sammelte mit spitzen Fingern die verstreuten Schnitzel des zerrissenen Rezepts vom Tisch, küßte jedes einzelne, wehrte mir, als ich sie selbst entfernen wollte, und verbarg die sämtlichen über der linken Brust unter ihrem Hemd. Zugleich wiederholte sie ihre Einladung, mit dem Mahl zu beginnen, während sie selbst nach ihrer Gewohnheit, wie sie sagte, um die Atmung nicht zu beschweren, Wein und Speisen unberührt ließ und nur zwei Zitronen ohne Zucker und andere Zutaten mit Genuß verzehrte.

Mittlerweile hatte sich der Himmel umzogen, der Straßenlärm verstummte, es wurde sehr finster, und meine Wirtin zündete Kerzen an. Gleichzeitig flammten drunten über der Brücke Laternen auf; sie spiegelten sich breit im grauen Strom. Das inselhaft Abgesonderte der kleinen Stadt umgab die Seele mit einer Freiheit, in der alle Festlandgesetze ihre Geltung zu verlieren schienen. Wie sehr sie aber dennoch gültig blieben, wurde mir fühlbar, sobald ich an Afra dachte, die droben auf dem flachen Dache vermutlich zu frieren begann; denn es war die abendliche Fieberstunde. Vergeblich wartete ich auf eine Mahnung Luitgardes, Afra doch schnell herunterzuholen, bevor vom Bayerischen Wald herein der Sturm losbrach. Die Frau, die sonst vom Leiden ihrer Schwägerin kaum ohne Tränen sprechen konnte, schien das arme Mädchen ganz und gar vergessen zu haben. Die Sekunden des Zwiespalts, die ich nun durchlebte, empfand ich als wahre Hölle, Luitgarde aber als meine liebe Mitverdammte. Auf die Gefahr hin, sie noch einmal zu erzürnen, sagte ich ganz ruhig, daß ich doch nachsehen müßte, wie es Afra ginge, und nun nahm sie es ganz freundlich auf, umarmte mich und sagte nur, nächstens müßte ich doch einen halben Tag ihr allein gehören; denn sie sei doch die Kränkere, wenn sich's vielleicht auch nur um nervöse Zustände handelte.

Unhörbar aber war die Tür aufgegangen; Afra stand auf der Schwelle, geisterblaß in ihrem weißen Schlafkleid, durch das ihre Knie leicht schlotterten.

»Es war ein wenig kühl oben auf dem Dach, und ich fürchtete, du seist krank geworden«, sagte sie mit fast unglaublicher Sanftmut, und mit dem gleichen übergeduldigen, freilich nicht ebenso überzeugenden Ton antwortete Luitgarde: »Du warst wirklich wieder einmal die Ahnungsvolle, mein Kind. Es hat eine kleine Aufregung gegeben, weil sich das Rezept nicht finden wollte, das wir so lange suchten – ach, mein altes Herz, das nichtsnutzige, scheint gar keine Beunruhigung mehr zu ertragen. Zum Glück blieb der Herr Doktor so lange bei mir, bis der Anfall nachließ. Er meinte, man dürfte dergleichen nicht zu leicht nehmen. Eben wollte er dich selbst holen; aber nun bist du ja gekommen, und alles ist gut.« Genau so war es nun gerade nicht gewesen; aber Afra sah mir ernst in die Augen und ergriff meine Hand. »Sie werden das Herz meiner Schwägerin im Auge behalten, nicht wahr, Herr Doktor?« Sie sprach mit gelinder Strenge, doch klang es kindlich, und endlich lächelte sie: »Übrigens hab ich vorhin von Ihnen geträumt. Ich sandte Sie zu Luitgarde, und zwar in einem Eilbrief. Sie waren so groß, wie Sie in Wirklichkeit sind, und gingen doch leicht in den gewöhnlichen Umschlag hinein. Ich trug den Brief selbst zur Dompost: der Beamte wog ihn, und das Porto kostete nicht mehr als gewöhnlich.«

Am nächsten Morgen fand ich mich zeitig zum Beginn der

Solarsonkur ein. Die beiden Damen waren noch nicht angekleidet; ich konnte ruhig meine Sachen vorbereiten, mich auf dem Hausdach ein wenig umsehen und meine Spritzen mit Alkohol reinigen, was höchst notwendig war. Es gab in Passau noch nicht unsere praktischen Rekordspritzen, die aus Glaszylindern und eingeschliffenen Metallkolben bestehen; das Plüschzeitalter war noch nicht überall zu Ende. Man bediente sich noch ziemlich lange der altmodischen Glas- und Kautschukspritzen, und diese ruhten in hübschen, mit rotem oder blauem Samtgewebe ausgekleideten Futteralen, die man ruhigen Gewissens benutzte, ohne zu bedenken, daß die bunten Plüschbettchen wahre Staubfänger, also sehr unhygienisch waren.

Auf dem italienisch-flachen Dach konnte ich auch nach Herzenslust die aus Kübeln an Schnüren emporrankenden Winden betrachten, die Afras Entzücken waren. An dem langen gewundenen Stengel saßen sieben oder neun blühende Trichter; sie hatten die Form der gewöhnlichen weißen Ackerwinde, die mir vom Donauufer her bekannt war, unterschieden sich aber von ihnen durch ihre besondere Größe und durch ihr feierlich leuchtendes Himmelblau.

Mit den Solarson-Injektionen begann für Luitgarde wie für mich eine Epoche kleiner Prüfungen. Aus Afras magerer Ellenbogenbeuge trat nämlich das Venengeflecht sehr kräftig hervor, war also leicht zu finden, und das Eindringen der Nadel gelang ohne Schmerz, während in Luitgardes vollem fettem Arm der Verlauf der Blutgefäße undeutlich blieb, so daß die Spritze zuweilen daneben ins Bindegewebe glitt, was dann empfindlich weh tat und nachwirkte wie ein Wespenstich.

Luitgarde verbiß ihren Schmerz und schien sich allmählich an die quälenden Stiche zu gewöhnen, durch welche ich schließlich beinahe mehr litt als sie selbst. Übrigens veränderten die intravenösen Injektionen bei jeder der beiden Frauen die Stimmung und auf die Dauer sogar das Gesamtbefinden sonderbar. Während nämlich Afra ihren ›Lungenknacks‹, wie sie ihre Krankheit lachend nannte, nach und nach zu überwinden schien, stellten sich bei Luitgarde immer öfter Herzbeklemmungen und Depressionen ein, für die man damals keinen anderen Namen hatte als die laienhafte Bezeichnung ›Gemütskrankheit‹. Von feineren Unterschieden wußten nur die Psychiater; aber Psychiatrie gehörte noch nicht zu den Fächern, die auf den Universitäten gelehrt und geprüft wurden. Mir kamen Zweifel, ob die ältere der beiden Frauen das verhältnismäßig unerprobte Solarson doch gut vertrüge, und als nun die Schwesterstadt Landshut ein Volksfest ankündigte, das nur in jedem dritten Jahre stattfand, da begrüßte ich es dankbar als einen Vorwand, die schmerzhafte Kur, die noch keinen eindeutigen Erfolg aufzuweisen hatte, bei Luitgarde für eine Weile zu unterbrechen.

Die ›Landshuter Hochzeit‹ war ein Fest, das ganz Niederbayern in Erregung hielt. Es waren, wie Ludwig Renner einmal schrieb, ›die paar Tage des Jahres, wo die Stadt Landshut als handelnde Person sich selber spielte, und keinem, der von außen kam, wäre es dann eingefallen, sie eine Provinzstadt zu schelten‹. Ja, in diesem Fest, wie in einem Zauberspiegel, beschaute die ruhige Isarstadt ihr eigenes einst so glanzvolles Antlitz, indem sie eine bedeutsame Woche des Jahres 1475 zu wiederholen versuchte.

DIE LANDSHUTER HOCHZEIT

Fünfzehntes Jahrhundert! In Landshut hatten damals bayerische Herzöge regiert, und der junge Herzog Georg, ein Sohn Ludwigs des Reichen, vom Volk einfach Jörg genannt, sollte die polnische Königstochter Hedwiga heimführen, nachdem bereits eine stattliche bayerische Gesandtschaft am königlich polnischen Hof um sie geworben hatte.

Als heilige Stätte der Trauung war die Hauptkirche von St. Martin ausersehen, deren hohen, schlanken Turm, den höchsten des Landes, ich vierhundertzweiundzwanzig Jahre später mit meinen beiden Studienfreunden Walter und Hugo in den frohen Tagen unseres Abiturs ersteigen sollte. Nie hat eine bayerische Stadt einem Brautpaar eine so prunkvolle Vermählung bereitet, nie so viele Fürsten, Bischöfe und Ritter innerhalb ihrer Mauern versammelt. Auch der deutsche Kaiser, Friedrich der Dritte, war mit seinem Sohne Maximilian, dem römischen König, nach Landshut gekommen und beinah gleichzeitig eine türkische Sondergesandtschaft.

Unser Freund Hugo war es, der allen Freunden und Mitschülern in einer Art Rundschreiben bewies, daß wir geradezu verpflichtet wären, uns nach Jahr und Tag in unserer alten Studienstadt zu treffen und jenes herrliche Gedenkfest mitzufeiern, das in diesem Sommer eine besondere Bedeutung für uns hatte, besonders für unseren Freund Walter. Nach alter Landshuter Tradition sollte ja das anerkannt schönste junge Mädchen der Stadt im Festzug die Rolle der Braut übernehmen, und einstimmig war die Wahl auf Rosa Lindner gefallen, die Verlobte Walters, eine Tochter aus altem Bürgergeschlecht. Hugo kannte das junge Mädchen so wenig wie ich von Angesicht zu Angesicht, und da wir vermutlich erst am Vorabend mit einem späten Zug in Landshut eintreffen konnten, so durften wir die Braut voraussichtlich erst am folgenden Vormittag begrüßen, wenn sie als polnische Prinzessin im Prunkwagen an uns vorüberfahren würde.

Luitgarde und Afra wollten gern auf die Mitfahrt nach Landshut verzichten, wenn ich nur versprach, ihnen nach der Heimkehr viel von dem Fest und besonders von Rosa Lindner zu erzählen.

Zu gleicher Zeit wie Hugo, gegen elf Uhr, kam ich in Landshut an. Rosa war bereits mit ihren Eltern zu Bett gegangen, und auch wir suchten unseren Gasthof auf. Ich durchschlief die ganze Nacht, hatte jedoch gegen Morgen noch einen Traum. Der Postbote brachte eine Drucksache mit der Aufschrift ›Korrektur‹. Er hatte es eilig und ging gleich weiter. Im

Umschlag steckte aber eine Todesanzeige, und ich erwachte, ohne sie gelesen zu haben.

Im Frühstückszimmer fand ich den Freund schon beim Teetrinken. Er trug einen hellgrauen Anzug und eine hochrote Seidenkrawatte mit echter Perle, die ich schon in seiner Gymnasiastenzeit an ihm bewundert hatte. Nach einem nächtlichen Regen schien die Sonne wieder und trocknete schnell die grün bestreuten Straßen. Die sanfte Einbiegung der linken Häuserfront gönnte gleich einen freien Blick über die breiten Stirnseiten der giebelprangenden Altstadt. Wir hatten viel Zeit und konnten noch gemächlich die langen bis zum Portal von St. Martin führenden Laubengänge, die sogenannten ›Bögen‹, durchmessen.

Hugo wußte viel aus alter und neuer Zeit, und an besonders denkwürdigen Punkten blieb er stehen: »Hier ist Napoleon mit seinen Generälen vorbeigeritten und hat mit Verwunderung zur Höhe des Turms hinaufgeschaut.« Von Hugo erfuhr ich auch zum ersten Mal, daß vor fünfhundert Jahren unser liebes Niederbayern kein Bier-, sondern ein Weinland war, daß in dem damals noch viel milderen Klima an den Südhängen des Hofbergs köstliche Reben zur Reife kamen, ja daß es in Landshut Weinlesefreuden gab wie am Rhein und Main. Das Historische schien aber heute dem Freunde wichtiger: »Hier haben sich 1475 die Fürsten mit allen mittelalterlichen Zeremonien begrüßt«, berichtete er weiter, als wir gegenüber dem Rathause standen. »Hier sind sie von den Pferden gestiegen, die Braut aus ihrem goldenen Wagen, und Kaiser und Königstochter haben sich voreinander verneigt. Die polnischen Großen aber gingen in goldbrokatenen Kleidern, die mit Edeldsteinen übersät waren, und die Hufe der starken Pferde, auf denen sie die erlauchte Hochzeiterin begleiteten, waren mit rotem Samt umhüllt. Bedauernswert war nur die Prinzessin selbst; keine von ihren Angehörigen hatte Hedwiga nach Landshut begleitet, und alle Chronisten schreiben zwar von ihren wunderschönen Händen, aber auch von ihrem übergroßen Heimweh; sie muß unaufhörlich geweint haben, als ginge es zur Hinrichtung.«

Ich konnte mich, gut bürgerlich, der Frage nicht enthalten, wer denn eigentlich für die sicherlich sehr großen Kosten jener Tage aufgekommen sei, und Hugo konnte auch darüber Auskunft geben: Ludwig hieß nicht umsonst der Reiche; er war für viele deutsche Fürsten der mächtige Bankherr, der ihnen aus ihren Geldverlegenheiten half. Mit manchem eingeladenen Gast hatte er noch vor kurzem scharfe Fehden ausgefochten, sich dann aber mit ihm verglichen, und jeder sandte nun der Braut ein Geschenk. Nur der Kaiser Friedrich, der Onkel Hedwigas, der bedächtige Sparer, hoffte zunächst um eine Spende herumzukommen; erst auf gutes kluges Zureden des Markgrafen Albrecht Achilles ließ er sich herbei, seiner Nichte ›ein golden Häftlin‹ zu schicken, von dem er versicherte, es hätte ihn tausend Gulden gekostet, während es Kenner weit niedriger einschätzten.

»Im ganzen war aber doch viel Reichtum im Volk«, meinte ich. »Zugleich viel Armut«, berichtigte Hugo. Was wir aber heute noch bewundern müssen, das war der feine Takt des einfachen Volkes, der besonders bei Rennen und bei Turnieren hervortrat. Die Rüstungen der Ritter waren oft Meisterwerke der Waffenschmiedekunst, die Helmzier prunkvoll und der Aufwand manchmal so groß, daß einige Ritter dadurch in Schulden gerieten. Da war's denn gewissermaßen ein ungeschriebenes Gesetz geworden, daß ein armer Ritter, der ohne Pracht zum Turnier erschien, nicht verspottet werden durfte. Während wir unter den dämmrigen Bögen weitergingen, begegnete uns eine Gruppe von einstigen Mitschülern, die Hugos Rundschreiben erhalten hatten, als erster der Wilhelm Gotter, der mich gleich empfinden ließ, daß trotz Dehmel und Wedekind meine jugendliche Liebe zur deutschen Klassik noch immer stark und bestimmend war. Einer von Gotters Urahnen war vor hundert Jahren aus dem nördlichen Deutschland eingewandert, und meine jugendliche Phantasie brachte ihn ohne weiteres mit jenem Friedrich Wilhelm Gotter in Zusammenhang, der einst in Wetzlar als Legationssekretär mit dem Dichter des Werther bekannt geworden war. Wie ein rechter Germanist suchte ich alles zusammen, was über jenen Gotter des achtzehnten Jahrhunderts in Nachschlagewerken und Literaturgeschichten mitgeteilt war. Zwei Gedichte ›Goethe an Gotter‹ und ›Gotter an Goethe‹ fand ich im ersten Band meiner rotgebundenen Goetheausgabe von 1885; einige seiner Dramen waren einst über viele deutsche Bühnen gegangen, darunter eine Nachdichtung von Shakespeares herrlichem ›Sturm‹, allerdings unter dem romantischen Titel ›Die Geisterinsel‹, und später war ich darauf gekommen, daß auch ein von meiner Tante Josefine gerne gesungenes Wiegenlied ›Schlafe mein Prinzechen! Es ruhn Schäfchen und Vögelchen nun‹, das im Schauspiel ›Esther‹ die Fatme singt, jenen Vorfahren meines lieben Mitschülers zum Verfasser hatte.

Gotters breite Figur hatte mir zuerst ein paar andere Freunde verdeckt, vor allem einen kleinen schmächtigen Franziskanerpater, den Stäringer. Er war ein Landwirtssohn vom Isarstrand und hatte nach bestandenem Abitur das braune Franziskanerhabit, das er schon in den letzten Schülerjahren getragen hatte, nicht mit einem weltlichen Anzug vertauscht, sondern sich trotz der günstigen Aussichten, die ihm sein entschiedenes Mathematikertalent im irdischen Reich der Nützlichkeit eröffnete, freiwillig und endgültig für das Verbleiben im Orden des heiligen Franz von Assisi entschieden. Oft war er mir, dem Unbegabten, bei mathematischen Haus- und Schulaufgaben hilfreich gewesen und hatte nur den bescheidensten Lohn dafür erbeten: für eine kleine Tüte Schnupftabak löste er schwierige Rechenexempel, es mußte nur die rechte Sorte sein. Er war nicht ohne Respekt vor musischer Begabung; doch fehlte sie ihm, und er hielt es für sehr viel schwerer, ein Gedicht zu machen, als die Unbekannte einer Gleichung zu finden.

Auf einmal reichte mir ein anderer die Hand, Dr. Ludwig Thurmayer, ein später Nachfahre des bayerischen Geschichtsforschers und Prinzenerziehers, der sich nach stolzer Humanistensitte des sechzehnten Jahrhunderts lateinisch in Aventinus umgetauft hatte, nun aber wieder seinen alten bayerischen Namen führte.

Als wir aus dem Halbdunkel der Bögen in die helle freie Altstadt hinaustraten, ritt uns auf weißem Hengst der Herold der Stadt entgegen, der durch Tracht und Haltung ankündigte, daß nun der Festzug sich sogleich in Bewegung setzen würde. Manches herrschaftliche Haus wurde noch im letzten Augenblick mit weißgesäumten Tüchern in Rot oder Blau geschmückt, auf deren jedem drei metallene Ritterhelme glänzten, das Wappen der Stadt. Im Volk aber erwachte bereits der Übermut. Vor den Grabplatten der Kathedrale von St. Martin sahen wir eine nicht mehr junge Person in mattrotem Kleid mit spitzem gotischem Hut über die Straße gehen; zwei Mohrenknaben mit weißen Turbanen und goldenen Nasenringen trugen ihr eine lange golddurchwirkte Schleppe nach, die sie so hoch wie möglich hielten. Ein Jüngling in schellenklingelndem Narrenkostüm, halb gelb, halb himmelblau, eilte der Gruppe entgegen, trat aber plötzlich vor ihr zurück, nahm einen Anlauf und sprang in hohem weitem Bogen über die stattliche Schleppe hinweg, ohne sie zu berühren. Aus offenen Fenstern schauten bekränzte Kinder; alle hatten den mutwilligen Springer bemerkt, alle klatschten in die Hände und lachten ihm zu. Mitten aus der Altstadt aber winkte uns von weitem unser Freund Walter, und in einiger Entfernung erkannten wir nun auch den Brautwagen, in dem seine Verlobte langsam näher fuhr. Hugo Mott sah leidend und erregt aus, und wenn ich bedenke, wie wenig lang der edle Freund reiner Dichtung damals noch zu leben hatte, so ergreift mich Reue über manches nicht ausgesprochene Wort, welches er in den letzten Jahren vielleicht vergeblich von mir erwartet hatte. Rosa Lindner reichte uns über das goldene

Gitter des Wagens herüber die Hand, und wir verneigten uns vor ihr. Dabei fiel mir ein, daß ich meinen Passauer Freundinnen versprochen hatte, ihnen viel von Walters Braut und ihrer äußeren Erscheinung zu erzählen, ein Auftrag, den mir wenige Jahre später ein kleiner Fotoapparat abgenommen hätte. Mir selber mußte ich natürlich im stillen zugeben, daß Rosa meine beiden Freundinnen an Jugend und Schönheit entschieden übertraf; sie war ein bezauberndes Mädchen, von Anmut und Grazie strahlend, in ihren freundlich ernsten Zügen kein Schatten beschwerender Erinnerung; mit ihr verbunden, konnte unser Freund sein Leben zuversichtlich neu beginnen. Dagegen wäre über Luitgarde nicht so einfach zu berichten gewesen. Sie war etwas älter als ich, und ihr Körper stand nicht mehr in erster Jugendblüte; aber in ihren Augen, deren Farbe schwer zu bestimmen war, konnte zuweilen eine Seelenfülle aufleuchten, die einen jede Frage nach der Zahl ihrer Jahre vergessen ließ. Außerdem war sie meine Patientin und vielleicht der Mensch, der mich am meisten brauchte; das ist gewiß die stärkste Bindung, die es im Leben gibt.

Der Festzug, der sich nun entwickelte, war gewiß weit weniger prunkvoll als jener polnisch-deutsche, der sich vierhundertfünfzig Jahre früher mit einem Riesenaufwand von Kostümen, ja mit echten Herzögen, einer echten Königstochter und einem echten deutschen Kaiser zwischen den gleichen Häuserfronten hinbewegt hatte. Den Brautwagen schmückten auch nicht jene kostbaren, von Löwenpranken gehaltenen Darstellungen des Königreichs Polen, von denen die Chronik berichtet; auch zogen ihn nicht acht isabellfarbene geflügelte Pferde, sondern vier starke Apfelschimmel aus dem getreidereichen Rottal, mit Feldblumen und grünen Zweigen geziert, und die darinnen saß, war keine heimwehkranke Fremdlingin, von deren Ehebund die Chronik wenig Erfreuliches zu berichten weiß.

Dem Freunde Hugo wurde von Frau Lindner ein mittägliches Ruhestündchen verordnet, während ich ohne weiteren

Aufenthalt St. Martin aufsuchte. In einem Winkel des Kirchenplatzes blieb ich vor dem recht unansehnlichen Häuschen stehen, auf dem eine Gedenktafel erzählt, es habe einstmals dem Erbauer der Kirche, Hans Stethaimer, gehört. An der südlichen Außenwand der Kathedrale betrachtete ich sein Grabmal, eine sandsteinerne Porträtbüste, die zugleich einer hohen Gestalt des leidenden Heilands als Konsole dient. Das Gesicht des großen Baumeisters läßt an einen leidenschaftlichen, doch sehr besonnenen Grübler denken, an einen Landpfarrer, der Platons Erkenntnis zu teilen scheint, daß Gott überall Mathematik treibe, mit feinem, streng verschwiegenem Mund und umschatteten Augen, deren zielenden Blick man nicht deutlich sieht, jedoch errät.

Stethaimer, der 1360 in Burghausen Geborene, der 1443, also noch vor der Entdeckung Amerikas, hier seine Ruhestätte fand, ist wahrscheinlich sein Leben lang über Süddeutschland nicht hinausgekommen.

Ein paar Schritte weitergehend, stand ich abermals vor einer Erinnerungstafel. In fast erloschener Schrift berichtet sie von einem Unglück, das vor mehr als zweihundert Jahren geschehen war, und mahnt zu einem Gebet für die Seelen der Toten. Zwei Dachdecker, die auf dem obersten, dem kleinsten Kranz des hohen Turmes beschäftigt waren, hatten das Gleichgewicht verloren, vielleicht einer am anderen Halt gesucht und sich beide zu Tode gestürzt. Diese Tafel gab mir den Vorsatz ein, den Fialenplatz aufzusuchen, den mir vor vielen Jahren Professor Hilgärtner und seine Gattin gezeigt hatten; er stand mit jenem Unfall in keinem Zusammenhang, erinnerte mich jedoch immer wieder an den tödlichen Sturz.

Vorher aber betrat ich noch den fast leeren und sehr kühlen Raum der Kirche, in dem nur einige betende Nonnen knieten. ›Ungeheuer dünken uns die Ausmaße dieser Hallenkirche, größer noch, als sie in Wirklichkeit sind‹, so las ich viele Jahre später in einer Schilderung Theo Herzogs, des Landshuter Stadtarchivars. ›Der Eindruck wird durch den auffälligen

Entzug des Baumterials, besonders der Pfeiler, und die steile Linienführung am Gewölbe hervorgerufen. Die Mauern scheinen dünnwandig, die Pfeiler geradezu zerbrechlich. Noch kühner, noch gewagter können wir uns einen Backsteinbau nicht denken.‹

Die Wand entlang sah ich Beichtstühle stehen; doch kein Flüstern, kein Wispern erreichte das Ohr; weder Priester noch Sünder gedachten heute ihrer Pflicht. Eine kosmische Stille dehnte das Heiligtum, und wieder wie vor Jahr und Tag flatterte wie eine Botin ewigen Friedens eine blaugraue Taube mit einem Hals und Nacken von Silber und Lila herein; sie badete in dem geweihten Wasser und trank sogar daraus.

DER FIALENPLATZ

Vom Kirchenplatz aus ging ich auf geradem Wege in die schattigen Anlagen des Hofbergs und stieg rasch aufwärts. Bald mutete mich alles bekannter an; die Bäume traten zurück, ein freier Ausblick öffnete sich über Stadt und Land, und auf einmal stand mir in Augenhöhe die Uhr des Martinsturms gerade gegenüber. Hier trennte mich nur noch eine kleine Erhöhung von dem Fialenplatz, den mir die Pflegeeltern einst gezeigt und erklärt hatten. Schon damals war eine ebene kleine Fläche mit Bäumen bepflanzt: Ahorne, Linden, Akazien und etliche Fichten umgaben eine Ansammlung verwitterter Baustücke, den sogenannten Fialenplatz. Auch heute noch sind um ein hohes gotisches Spitztürmchen, das eine metallene Kugel trägt, graue bemooste Fragmente ungefähr pyramidisch angehäuft, unregelmäßige Teile von Strebepfeilern, Stücke von Maßwerk, durchbrochene Bögen, Kreuzblumen und halbe Heiligenhäuschen, aber auch Grabtafeln mit Inschriften, die freilich nicht über das achtzehnte Jahrhundert zurückweisen.

Drei junge Mädchen kamen aus der Stadt herauf, eine mittelgroße Rötlich-Blonde mit etwas harten Zügen und zwei blasse Dunkle, die mich an eine Bemerkung Stendhals aus dem Jahre 1809 erinnerten, wo er im Gefolge Napoleons in Landshut war. ›Die Stadt macht auf mich einen italienischen Eindruck. In einer halben Stunde habe ich hier sechs Frauengesichter gesehen, deren Oval viel zu vollendet ist, als daß es nach Deutschland gehörte.‹ Immerhin war es die Rötlich-Blonde mit den derben Zügen, die mir einen klaren Begriff von dem Fialenplatz geben konnte, während ihre zwei Begleiterinnen mit den fast vollendeten Ovalen jede wissenswerte Auskunft schuldig blieben und nur höflich-anmutig lächelten. Ruhig und sachlich erklärte sie, diese sämtlichen gotischen Reste stammten von der obersten Spitze des Martinsturms, wo sie einstmals den höchsten, den kleinsten Kranz gebildet hätten, bis ihre zunehmende Brüchigkeit sie für die drunten Gehenden gefährlich machte, weshalb sie abgetragen und gegen neugearbeitete Bauteile umgetauscht wurden. Als Denkwürdigkeiten habe man sie dann hierhergebracht und aufgeschichtet. Daß das entsetzliche, vor zweihundert Jahren geschehene Unglück noch nicht durch den Zerfall dieses höchsten kleinen Kranzes verschuldet sein konnte, wußte die Erzählerin aus Chroniken und alten Bildern einwandfrei nachzuweisen; sie war auch darüber unterrichtet, wie lange der gegenwärtige Fialenkranz bereits bestand, und da der derzeitige Mesner von St. Martin ihr Vetter war, konnte sie sogar darüber Auskunft geben, zu welchem Zeitpunkt ungefähr die Bauteile wieder erneuert werden müßten.

In diesem Augenblick schlug von St. Martin herüber die dritte Nachmittagsstunde, und dieser tiefe Ton berührte mich ein wenig geisterhaft, wenn ich bedachte, daß die hochehrwürdigen Bruchstücke, die jahrhundertelang in einer Zeit, die den Blitzableiter noch nicht kannte, Sommer um Sommer als Gipfelzierde unseres höchsten Turms inmitten der Gewittersphäre gewohnt hatten, eines Tages wie ein zerbrochenes Vogelnest von frommen Händen aufgelesen und auf den Hofberg herübergehoben wurden, um hier im Schatten des kleinen heiligen Haines zu verwittern.

AHNUNGSVOLLE HEIMKEHR

Auf dem Passauer Bahnhof war außer mir kein Reisender ausgestiegen, und niemand erwartete mich. In der Wohnung fand ich einen Stapel von Postsachen, ganz oben einen Zettel von Lina, meiner Haushälterin. Sie kündigte mir den Dienst und weckte dadurch mein Schuldgefühl. Vielleicht hätte ich mich etwas mehr um sie kümmern sollen. Aber seit ich mir angewöhnt hatte, im Café Wittelsbach oder bei Luitgarde ein kleines Abendbrot zu nehmen, bekam ich Lina selten mehr zu Gesicht. Meine Mutter war oft krank und sehr auf meine Schwester angewiesen, die nur manchmal zu einer kurzen Besorgung oder zur Unterhaltung in die Stadt hereinfuhr, sonst wäre alles wieder in Ordnung gekommen. Zum Glück hatte ich noch Schulden bei dem armen Mädchen; dadurch ergab sich eine Gelegenheit, sie ein wenig zu entschädigen.

Unter Linas Kündigung lag ein Brief der ›Frankfurter Zeitung‹, Rudolf Geck unterschrieben; er wollte eines meiner eingesandten Gedichte zum siebzigsten Geburtstag Ernst Häckels abdrucken und wünschte nur eine einzige Zeile geändert.

Von sehr bangen Ahnungen bedrängt, suchte ich Nachrichten von Afra und Luitgarde und las in Afras lieber, klarer Kinderschrift: ›Kommen Sie nach Rückkehr gleich. L. gefällt mir nicht. Beim Dominospiel sagte sie: »Mir wird so merkwürdig«, mußte sich erbrechen, war eine Stunde bewußtlos. Vom Magen kam es aber nicht. Wegen Sonntagsruhe kein Arzt. Erst nach sechs Uhr Dr. K. Er nahm es genau, machte Aderlaß, Einspritzungen, verordnete eiskalte Umschläge auf den Kopf, schrieb den Befund für Sie auf beiliegenden Zettel: Kleiner, weicher, sehr langsamer Puls, oft aussetzend, Besserung auf Sauerstoff, Cardiazol, andauernd Somnolenz, Ödeme an Knöcheln, Prognosis: dubia, vergens ad malam partem. Kolleg. Gruß! Dr. K.‹

Während ich auf das Haus zuging, war ich seit meiner Fahrt nach Landshut noch nicht länger ausgeblieben als zwei Tage. Von weitem sah ich einen blassen Schimmer; dies konnte nur das Fenster sein, in das ein farbiges Glasbild des Erasmus von Rotterdam eingelassen ist. In jenem Zimmer hatte sie zu mir gesagt: »Gehen Sie nur, Herr Doktor, Sie großes Kind!« und die Wachslichter angezündet; mir aber waren die Verse Stefan Georges eingefallen. Und nun lag über den Türmen von Mariahilf ein heller Streif; ein neuer Tag war im Werden. Ferne Gewitter hatten abgekühlt; ich fror im dünnen Mantel. Je näher ich dem Hause kam, um so langsamer ging ich und sagte mir selber, daß alles, was auch geschah, mit Notwendigkeit von Anfang an zu meinem Leben gehörte. Auf der Stiege roch es nach Weihrauch; also mußte schon der Priester hiergewesen sein, und Luitgarde war tot. Vor der Wohnung begegnete er mir; es war der alte Stadtpfarrer, ein ruhiger, gebildeter Mann, der wichtige Jugendjahre in Rom verbracht hatte und vor kurzem Geistlicher Rat geworden war. Er grüßte höflich, sagte, Frau von Pletten habe sich noch soweit erholt, daß es ihr möglich war, zu beichten und zu kommunizieren; aber das Herz habe versagt, und sie sei ohne Schmerz entschlafen. Er kenne sie seit ihrer Kindheit, sie sei viel krank gewesen, und wegen ihrer Atemnot habe sie zu den vier Treppen in der letzten Zeit über eine halbe Stunde gebraucht, doch wollte sie's nicht merken lassen. »Wenn Sie, Herr Doktor, sich nicht so sehr um sie bemüht hätten, wärs nicht so lange gegangen.« Mit diesem freundlichen, tiefbeschämenden Lob drückte mir der gute Mann die Hand, bevor er hinabstieg.

Auf einmal befand ich mich mit der Toten allein in dem wohlbekannten Zimmer. Unwillkürlich suchte ich in ihrem Gesicht jenen schattendunklen Zug von tiefer Traurigkeit, der mich oft an das Knabenbild von Max Klinger erinnert hatte. Afra war in die Stadt gegangen, vielleicht, um den Sarg zu bestellen. Von den Händen der Leiche, die Afra wahrscheinlich wie zum Gebet emporgefaltet hatte, war die Rechte wieder nach unten geglitten, und an den Fingern, die den Boden berührten, hafteten noch Spuren von der blauen Tinte, mit der sie ihr Haushaltsbuch zu schreiben pflegte. Endlich kam Afra, bitterlich weinend, drückte ihre Stirn an meinen Hals, beugte sich über Luitgarde und küßte in ihrem Haar leidenschaftlich die Stelle, wo es ganz weiß geworden war; dabei schüttelte sie nur langsam den Kopf, als könnte sie den ganzen Vorgang und seine Bedeutung nicht begreifen. Bei diesem Anblick kamen auch mir die Tränen, besonders als Afra auf die elfenbeinenen Dominosteine deutete, die auf einem Nebentischchen lagen, und schluchzend erzählte, Luitgarde habe ihr zu ihrer Freude am Nachmittag das letzte Spiel noch abgewonnen.

Von außen wurde an die Tür geklopft, gleich darauf, etwas leiser, ein zweites Mal; meine Schwester trat ins Zimmer. Sie hatte die beiden Frauen gekannt und sich mit Afra angefreundet. Durch diese wußte sie von Luitgardes akuter Verschlimmerung, aber noch nicht von ihrem Tod. So trug sie auch ein zwar dunkles, aber noch kein schwarzes Kleid, hatte jedoch alles Blühende mitgebracht, was der Seestettener Garten um diese Jahreszeit noch hergab. Es waren die violetten Urnen der Kampanulablüten, von unserer Mutter mit weißen Levkojen gemischt, dazu etwas Thymian, der gerade jetzt auf den Hängen des herbstlichen Setzenbachtals reichlich blühte, und Stephanie, die noch eine Genesung für möglich gehalten, wußte nicht gleich, wem sie diese schönen mystischen Blumen überreichen sollte, bis Afra sie aus ihren Händen nahm und den ganzen Flor auf die Brust der Verstorbenen legte. Dann umarmten sich Afra und die Schwester weinend, wobei aber diese nicht zu berichten vergaß, der Vater sei gestern in Seestetten eingetroffen und werde morgen mit der Mutter nach

Passau kommen. Dadurch gewann der ganze Tag ein anderes Gesicht.

BESINNLICHE STUNDEN IM BAYERISCHEN WALD

Furcht und Liebe – zwischen diesen beiden Polen bewegte sich mein Wesen immer noch wie in der Kindheit hin und her, wenn ich nach längerer Pause wieder meinem Vater begegnete. Von den Freundinnen Afra und Luitgarde hatte ich ihm nie erzählt, und auch meine Schwester erwähnte sie nicht vor ihm; immerhin hinterließ mir Luitgardes Tod ein Gefühl, als wäre ich ihm ihre Genesung schuldig gewesen.

In der Stadt wollte er sich nicht lange aufhalten, nur dem Kloster Freudenhain einen längst versprochenen Besuch abstatten, außerdem ein paar andere Patienten besuchen, deren Behandlung er nicht gern einem anderen anvertrauen mochte. Zu diesen gehörte auch Sophie, eine zart gebaute Siebzehnjährige mit hektischer Veranlagung, deren Mutter auf dem Neumarkt ein großes Haus mit alteingeführtem Geschäft besaß. Hier kauften wir zur Weihnachtszeit unsere Christbaumkerzen, auch unsere weißen und braunen Baseler und Nürnberger Lebkuchen; dabei wurden wir von Sophies Mutter, einer noch jugendlichen Witwe, die man nach alter Sitte ›die Madame‹ nannte, meistens persönlich bedient. Meine Eltern und meine Schwester wurden dieses Mal zu einem einfachen Abendessen eingeladen und sehr gebeten, auch den Herrn Sohn mitzubringen. In meiner Studienzeit waren Mutter und Tochter mein freundschaftlicher Verkehr gewesen, und wenn dies mittlerweile anders geworden war, so lag leider die Schuld an mir.

Im Sommer 1900 wollte nämlich Sophies Mutter mit ihrem Töchterchen nach Oberammergau fahren, wo nach zehnjähriger Unterbrechung das berühmte Passionsspiel aufgeführt wurde, und sie hatte meine Mutter, meine Schwester und mich zu der Fahrt eingeladen. In unsere Reisewoche fiel jedoch die Nachricht vom Tode Friedrich Nietzsches, und während die bürgerliche Welt dieses Ereignis kaum zur Kenntnis nahm, entstand in der geistigen Jugend eine so starke Bewegung, als wären ›Die fröhliche Wissenschaft‹ und das Buch ›Zarathustra‹ eben erst erschienen. Mich ergriff Erinnerung an die Zeit, wo ich meinem Freund Hugo als Morgengruß zuzurufen pflegte: »Sonne, du großes Gestirn! Was wäre dein Glück, wenn du nicht die hättest, welchen du leuchtest?« Und unter dem Einfluß gewisser Aufsätze, die dem verstorbenen Denker wie einem Halbgott huldigten, vermochte ich meine Begeisterung für ihn, dessen Wahnsinn mir allein schon eine Bürgschaft für seinen Genius war, nicht für mich zu behalten. Alle jungen Menschen setzen ihre eigenen Empfindungen auch bei anderen voraus, und groß war meine Überraschung, als ›die Madame‹, die sonst so duldsam und freundlich war, etwas ärgerlich sagte, der Antonius Lang, der Christus-Darsteller von Oberammergau, wäre ihr tausendmal sympathischer als der ›stocknarrische Spekulierer‹, der mit seinem Geschwätz vom Übermenschen die jungen Leute nur um ihr bißchen Vernunft und Christentum brächte.

Zu welchen Erwiderungen ich mich als ein dem Geistigen Verschworener hinreißen ließ, weiß ich nicht mehr; jedenfalls hatte die Szene mit einem feindseligen Schweigen geendet, wobei mir ganz außer acht kam, daß meine Mutter, meine Schwester und ich doch als Gäste der Madame zu der schönen Reise eingeladen waren. Stephanie, deren Humor am ehesten geeignet gewesen wäre, die gute Stimmung wieder herzustellen, schwieg verlegen, während meine Mutter vergeblich nach beiden Seiten zu begütigen versuchte.

Mittlerweile war aber manches Jahr vergangen, und wie einen versöhnlichen Händedruck empfand ich die herzliche Einladung von Sophies Mutter, deren schöner Verkaufshalle ich so lange ferngeblieben war, obwohl ich keinen poetischeren Raum in Passau wußte. Gab es doch in der ganzen Stadt kein Haus, in dessen Umgebung die Luft mit einem so dichten Wachs- und Bienenhonigduft gesättigt war. An Firmungstagen aber saßen Mädchen und Knaben in weißen Kleidern und neuen Anzügen mit ihren Paten und Patinnen an langen eichenen Tischen und wurden mit Met und Punschtorte bewirtet. Schon lag das feierliche Hochamt hinter ihnen, und während sie von dem weit hergereisten Bischof den gelinden Backenstreich empfingen, der sie wie ein Ritterschlag für immer zu Bekennern Christi weihte, hatten Pate und Patin ihre verarbeiteten Bauernhände breit auf die kindlichen Schultern gelegt und durch dieses Zeichen eine geistliche Verwandtschaft besiegelt, die durch ein ganzes Leben gelten sollte. Hungrig waren die Firmlinge gekommen, begrüßt und beglückwünscht von der Madame, die sie eifrig ermahnte, sich Essen und Trinken nach Herzenslust schmecken zu lassen. Hatte aber einer der kleinen Gäste seinem Magen so viel zugemutet, daß er ihn, gequält von Übelkeit, entleeren mußte, so bedauerte man den Armen taktvoll, als gehörte eigentlich auch dies vorübergehende Unwohlsein zur heiligen Handlung.

Sophie wurde dem geschäftlichen Bereich noch ferngehalten; sie übte oben im ersten Stock noch auf ihrem Klavier, pflegte ihre Blumen und lernte neue Sprachen. Groß war meine Freude, sie wiederzusehen; ihr beschaulich zurückhaltendes Wesen hätte mir wahrlich ein Vorbild sein können, wenn ich dazu reif genug gewesen wäre. Allzusehr jedoch verhielt ich mich als Kind einer gärenden suchenden Zeit; vielleicht verbarg sich auch von den saturnischen Vorfahren her der Keim eines Zwiespalts in mir, den die neue Literatur des Zeitalters bedenklich schnell entwickelte. Leider ließ ich mich von modernen Lehren noch allzu leicht verwirren, und die neuen Geister trieben einerseits mit dem Weibe einen sinnlich-mystischen Götzendienst; andererseits verdächtigten sie es; besonders Nietzsche erfand schmähende Sprüche, die bald so populär wurden, daß Tausende sie ihm nachplapperten. In scherzhafter Form hätte mich wahrscheinlich der gewagteste Satz nicht irregeführt; aber nun waren es Philosophen, strenge Männer, die gleichsam in Talaren ihre Meinung verkündeten, und gegen den Ton des Predigers blieb ich noch jahrelang anfällig.

Durch Salzberger, einen jungen Apotheker, der in Landshut mein Mitschüler gewesen war, trat Philipp Mainländer in meinen Gesichtskreis, und eine Zeitlang rumorte die gefährliche weltabgewandte Lehre dieses Denkers in mir herum. Mainländers Weisheit, mit einem verführerischen Aufwand von Talent und scheinbar nüchterner Logik vorgetragen, lief im Grund auf die hinterweltliche Schein-Erkenntnis hinaus, das wahre Ziel alles irdischen Seins wäre eigentlich das Nicht-Sein. Genau betrachtet war dies für unsereinen gar nichts Neues, und beim frühen Studium des Faust hatte man wohl gelächelt, wenn man las: ›. . . denn alles was entsteht, ist wert, daß es zugrunde geht; drum besser wärs, daß nichts entstünde.‹ Man hatte gelächelt, weil man es in Goethes leichten ironisch-überlegenen Versen wie einen großartigen Spaß aufnahm, den man nicht ganz ernst zu nehmen brauchte. Nun aber lehrte es uns ein Philosoph, der mit jedem Wort bewies, daß er durchaus keinen Spaß verstand, und er war zu ganz anderen Schlüssen gekommen als Nietzsche, der sich das Heil der Welt vom Übermenschen versprach. Im schroffen Gegensatz zu ihm erhob Mainländer Forderungen, die wir eher bei den Schülern des heiligen Franz von Assisi gesucht hätten: der Mensch müsse nach Vervollkommnung streben, müsse in freiwilliger Armut und Keuschheit seinen irdischen Wandel vollenden. Als höchste aller Tugenden aber pries er das Mitleid, das Nietzsche ganz und gar verwarf; ja in dem ›herzzerreißenden Mitleid‹ mit den Menschen und mit der Kreatur erkannte er den höchsten Sinn des ›Auf-der-Welt-Seins‹. Den allen eingeborenen Trieb, sich das Leben möglichst angenehm zu machen, widerrät uns dieser unerbittlichste aller Wahrheitsfanatiker, und das große Wort des Evangeliums, es gehe eher ein Kamel durch ein Nadelöhr als ein Reicher in den Himmel, empfängt durch seine harte Auslegung ein unheimliches Gewicht. Nach buddhistischem Vorbild predigt er die Selbsterlösung; doch radikaler, ungeduldiger als die meisten Buddhisten erzwingt er sich am letzten Tage des März 1876 den Eingang ins Nirwana, indem er, unter ausdrücklicher Berufung auf seine Lehre, das Leben von sich wirft. Er schießt sich eine Kugel durch den Kopf, und wenn ich diese Art, in die Weltseele hinüberzugehen, auch als übermäßig grob, ja als geschmacklos empfand, so konnte ich diesem Mann, der es mit seiner Lehre so entsetzlich ernst nahm, ernster sogar als sein Meister Schopenhauer, doch meine Bewunderung und mein tiefes Mitgefühl nicht versagen.

Sophie hatte ihren hübschesten Tag, und Mutter und Tochter lachten mir wie ein herzliches Angebot des Lebens entgegen, als ich in der oberen Wohnung eintraf. »Wir müssen ja jetzt Herr Doktor zu Ihnen sagen«, meinte die Madame; Sophie aber sprach von ihren kleinblütigen, doch sehr stark duftenden Zyklamen. »Sie stammen von der Höhe bei Obernzell, wo man im Sommer auch noch der Smaragdeidechse begegnen kann. Ich habe die Wurzelstöcke eigenhändig ausgegraben«, sagte sie, »und in der Dunkelheit heimgebracht. Sie stehen unter Naturschutz; also, bitte, zeigen Sie mich nicht an!« Mutter und Tochter waren von einer einfachen und natürlichen Liebenswürdigkeit, und wenn ich in diesem Augenblick um Sophies Hand angehalten hätte, wäre mir keine Absage erteilt worden. Vorerst aber war die tote Luitgarde noch mächtiger als die lebenden Frauen, und Mainländers Gedankengänge konnten mich auch nicht ehelustig machen.

Meine Eltern kamen gleich nach mir, und beide freuten sich; doch zuckte der Vater die Schultern, als ich nach seiner Gesundheit fragte. Er befinde sich, meinte er, in einem Übergang, der aber beinahe schon glücklich überwunden wäre. Die Mutter aber lobte die Luft von Seestetten als die heilsamste und fand das Münchner Klima doch recht angreifend. Die

Unterhaltung stockte, weil jedes zuviel für sich behielt. Ich dachte an die verstorbene Luitgarde und war der Mutter wie der Schwester dankbar, weil sie von meinem Verhältnis zu ihr nicht gesprochen hatten. Von Afra vertraute mir Stephanie in einer Minute des allgemeinen Gesprächs leise an, sie werde sich einer Klosterschule als Lehrerin für Französisch anbieten und habe vom Direktorat bereits eine halbe Zusage bekommen, müßte nur vorher noch eine Prüfung ablegen.

Wenn mein Blick auf des Vaters Gesicht fiel, überraschte mich jedesmal die stille Aufmerksamkeit, mit der er mich betrachtete; irgend etwas an mir schien ihn zu beunruhigen. Sophies Mutter bekümmerte sich, weil dem Vater das Essen, wie sie meinte, nicht zusagte. Mir war aber nur aufgefallen, daß er alle salzigen Speisen ganz vermied, obwohl die Salzenthaltung damals noch keineswegs in ihrer Bedeutung erkannt war.

Am folgenden Tage führten mich meine Verpflichtungen wieder einmal nach Osten in den Bayerischen Wald. Auf dem breiten, holprigen, von einem Bächlein durchflossenen Marktplatz von Waldkirchen traf ich eine alte Wohlbekannte, Gusti Unertel, die Freundin der Volksdichterin Emerenz Meier. Mit den beiden war ich vor vielen Jahren beinahe am gleichen Tag bekannt geworden wie mit Karl und Hanna Wolfskehl. Gusti war gealtert, aber nicht auf die gewöhnliche herbe Art, wo die Züge hart und streng hervortreten; ihr Gesicht hatte sich gewissermaßen rosig weich entformt, und während sie von einem Brief der Emerenz erzählte, der eben aus Chicago gekommen war, weinte sie schon bei der Vorgeschichte bittere Tränen.

Mit dem kleinen Anwesen des alten Meier, ›dem Sacherl‹, wie es die Gusti nannte, war es mehr und mehr abwärts gegangen, seit Marie und Lina, die tüchtigen Schwestern, die das Ganze noch zusammengehalten hatten, nach Amerika ausgewandert waren und dort günstig geheiratet hatten.

Emerenz aber war nun die große Hoffnung des Hauses geworden. Dr. Otto Denk, Herausgeber der katholischen Wochenschrift ›Fürs Haus‹, wollte nämlich das begabte Bauernmädchen, vermutlich als eine Art Lektorin, in seiner Redaktion beschäftigen. Als Monatsgehalt bot er ihr 160 Mark; dies war ein bescheidendes, immerhin ein sicheres Einkommen. Die Dichterin jedoch, ermutigt von ihren beiden fleißigen und anspruchslosen, in Chicago wohnenden Schwestern, hielt fest an ihrem alten Auswanderungsgedanken; das Zauberwort Amerika wurde zum täglichen Unterhaltungsthema zwischen ihr und ihren betagten Eltern. Marie und Lina sah ich deutlich vor mir: gutmütig dicke blonde Riesinnen, halbkrank vor Heimweh nach dem Bayerischen Wald, nach den alten Eltern und nach der vielgenannten, beinah schon berühmten Schwester. Diesen dreien glaubten sie Gutes zu tun, wenn sie in ihren märchengläubigen Gehirnen die Vorstellung bestärkten, Chicago wäre eine Weltstadt, in der das Geld zu beliebiger Verfügung überall auf der Straße herumläge. So lehnte Emerenz das Anerbieten des guten Dr. Denk mit höflichem Bedauern ab und wagte eines Tages mit Vater und Mutter die weite Reise zu den zwei Schwestern über den Ozean in die Riesen-Metropole, wo das Leben bald ein ganz untraumhaftes Gesicht enthüllte. Es dauerte nicht lang, da mußten sich die armen Ausgewanderten, die keine andere Tätigkeit gelernt hatten als die ländliche in Feld und Stall, zur Arbeit in einer Fabrik entschließen. Die Gesundheit der beiden alten Leute hielt leider der veränderten Daseinsform nicht stand, und obwohl die Schwestern und ihre Männer so gut halfen, wie sie konnten, vor allem auch dem Vater mit Umgehung der Prohibition das gewohnte starke Bier zu verschaffen wußten, ohne das er nach seiner Meinung nicht leben und noch weniger arbeiten konnte, war doch der Kräfteverfall unaufhaltsam.

Als mich die Gusti, Rat erflehend, anblickte, erklärte ich mit einer vielleicht übereilten Offenheit, die alten Meiers könnten meiner Ansicht nach nichts Besseres tun, als mit dem nächsten Schiff nach Europa und nach Deutschland zurückkehren, ihr früheres Leben mutig wieder aufnehmen und ihr ›Sacherl‹ mit Hilfe und Rat erfahrener Landwirte neu bestellen.

Jetzt weinte die Gusti noch heftiger und gestand nach einigem Zögern, das kleine Oberndorfer Anwesen gehöre ja der Familie Meier gar nicht mehr, der Alte habe es verkaufen und mit dem Erlös alte Schulden, zum Teil auch die Kosten der Überfahrt, bezahlen müssen. In mir erwachte ein großer Zorn gegen den grauen Trinker mit dem gutgeschnittenen Bauerngesicht, den ich im Zustand schwerer Berauschtheit kennengelernt hatte, den alten Biedermann, der seine unterwürfige Tochter zum fleißigen Schreiben anhielt, seit er wußte, daß geschriebene Erzählungen sich in bares Geld, also in Bier, umsetzen ließen. Mein Denken wandte sich nunmehr einzig noch der Dichterin zu, und durch die Waldkirchener Freundin ließ ich ihr den Rat übermitteln, künftig alles, was ihr im täglichen Leben als merkwürdig auffiel, niederzuschreiben; wir würden später einmal gemeinsam ein hübsches Büchlein daraus machen. Damit nahm ich Abschied, ohne mich auf Einladungen zum Mittag- oder Abendessen einzulassen, bat, mir die Straße nach Mauth bei Freyung und Finsterau zu zeigen, und verfolgte eilig meinen Weg.

Finsterau liegt nicht weit vor der böhmischen Grenze; es ist ein sehr kleiner Ort, in dessen Umgebung mir zu jener Zeit allenfalls ein Jäger, ein Holzfäller, ein Schmuggler oder ein Zollbeamter begegnen konnte, vielleicht auch ein Priester auf einem Versehgang, und wie ein trauriger Traum wollte es mich in den folgenden Tagen manchmal anmuten, wenn mich ein altes Weiblein aus grünem harzduftendem Wald auf einmal in eine grabelnde verschimmelte Krankenstube hineinholte, wo ein sterbendes Kind phantasierend dem Tod entgegenfieberte. Hier wuchsen Stimmungen, aus denen allmählich ›Die Flucht‹, ein monologisches Gedicht, hervorging.

In den folgenden Monaten dieses Jahres 1905 erhöhte sich

die Zahl meiner Kranken; zuweilen entstanden auch kleine Versgebilde wie ›Der Kranke‹, ›Todeshymne‹, ›Sternenlied‹, ›Im Elterngarten‹, ›Barbaratag‹. Die meisten dieser Gedichte fanden Aufnahmen in Friedrich Naumanns ›Hilfe‹ oder in der ›Schaubühne‹ von Siegfried Jacobsohn.

IN VERTRETUNG DES VATERS

Dem Vater war es nun doch zu Ohren gekommen, daß ich mich in München aufgehalten hatte, ohne ihn zu besuchen. Es fehlte auch nicht an Zwischenträgern, die ihm einflüsterten, sie hätten zu ihrem Bedauern gehört, sein Herr Sohn werde nun wohl demnächst als ›lyrischer Sprecher‹ bei den ›Elf Scharfrichtern‹ in der Türkenstraße auftreten und sich dem ärztlichen Berufe entziehen, was doch ewig schade wäre. Seine Verstimmung darüber war so groß, daß er gar nicht erst bei mir selber den wahren Sachverhalt erfragen mochte; er hielt mich für abtrünnig, sah meine Fähigkeiten eitel zerflattern und schrieb in seiner Besorgnis Briefe an Menschen, denen er mehr Einfluß auf mich zutraute als sich selber, auch an die Senz und an den Prometheus, damit sie mir ins Gewissen redeten. Davon erfuhr ich erst später, merkte jedoch den seltenen kurzen Mitteilungen des Einsamen an, wie sehr er sich von mir entfernte. Leider unterließ er es, an die Mutter zu schreiben; vielleicht wollte er sie nicht betrüben. Sie aber hätte ihn beruhigen, hätte ihm bezeugen können, daß es mit mir und meinem ärztlichen Treiben nicht gar so schlimm stand. Was mich anging, so bestärkte mich ein heimlicher Schutzgeist in meinem Leichtsinn; ich vermied alle unerfreulichen Aussprachen und ging der Entdeckung des eigenen Lebens nach.

Es fiel schon der erste feuchte Schnee, als die Post das erste Heft der ›Hilfe‹ brachte, das Gedichte von mir enthielt; aber meine Freude darüber trübte sich, als ich unter anderen Briefen eine Postkarte mit etlichen Zeilen des Vaters fand, die mit Bleistift geschrieben waren. Die Schrift ließ eine müdgewordene Hand erkennen, und seine kurze Mitteilung stimmte damit überein. Er fühle sich seit einiger Zeit nicht ganz wohl, es habe nichts zu bedeuten; wenn mich jedoch einmal ein Zufall nach München führe, so hoffe er auf meinen Besuch. Er erwähnte nicht meinen ihm verschwiegenen Aufenthalt vom vorigen Winter, um den er doch wußte; aber gerade diese Zurückhaltung, dazu die kleinen Buchstaben, die mühsam den alten sicheren Zug bewahren wollten, schreckten mich aus meiner Selbstverspieltheit auf. Ich sah im Fahrplan, daß mir noch drei Stunden bis zur Abfahrt des nächsten Zuges blieben, packte meinen Koffer und war am Abend gegen sieben Uhr in München. Das blaue ›Hilfe‹-Heft hatte ich im letzten Augenblick noch in eine Manteltasche gesteckt.

Meine Ankunft bewegte ihn sichtlich; doch blieb er kurz angebunden. Sein Aussehen war ziemlich das gewohnte, in Haar und Bart nur ein paar weiße Fäden, doch die Stimme verändert, die Hand sehr heiß. Es bedrückte ihn, daß er schon zwei Wochen lang keine Sprechstunde mehr hatte halten können; er wollte es morgen wieder versuchen. Dies fand ich zu früh und sagte, wenn er mir das Vertrauen schenkte, so würde ich ihn gerne nach meinem besten Wissen und Können vertreten, ihm also wenigstens die Last der Sprechstunden abnehmen. Dieses Angebot schien ihn zu überraschen; ich merkte aber doch, daß es ihn freute, und gewann seine Zustimmung.

Nun hatte er jedoch, als der Fieberfrost ihn anfiel, sein Bett in das gut heizbare Wohnzimmer hereinstellen lassen, wo ihm auch Schriften und Bücher näher lagen; es war durch einen dunkelgrünen Vorhang im Hintergrund verborgen. In seinem eigenen kleinen Schlafraum stand kein Ofen, und ihn fröstelte immer noch von Zeit zu Zeit. Da nun die zwei Türen, von denen die eine ins Warte-, die andere ins Ordinationszimmer hinüberführte, nicht besonders gut schlossen, so konnte man zuweilen alles hören, was dort oder hier gesprochen wurde. Trotzdem entschied sich der Vater fürs Liegenbleiben; zwei oder drei Stunden, meinte er, werde er sich schon so still verhalten können, daß niemand seine Anwesenheit wahrnehmen würde. Erwünscht war es mir gerade nicht, gewissermaßen unter seiner Aufsicht ordinieren zu müssen; doch fand ich im Augenblick keine bessere Lösung. Vom Wartezimmer herein hörte man auch bereits Patienten plaudern und husten. Um den Vater abzulenken, gab ich ihm Bismarcks ›Gedanken und Erinnerungen‹, dazu das Heft der ›Hilfe‹. Dann trat ich hinaus und stellte mich den Leuten als Vertreter und Sohn des Vaters vor. Sie sahen einander zweifelnd an; doch entfernte sich niemand. Ermutigt fand ich mich in meine Rolle, spielte den Erfahrenen, bat einen um den anderen einzutreten, und ließ mich vom Geiste des hinter dem Vorhang Verborgenen erfüllen; dabei vergaß ich mehr und mehr, daß er mir zuhören konnte. Die Männer waren meist mit kurzen Beratungen zufrieden; Frauen spannen Unterhaltungen an. Einige wußten bereits von dem Mißbefinden ihres Arztes und hatten ihm Blumen mitgebracht; eine nur erschreckte mich, indem sie fragte, was ich denn von seinem Zustand hielte und ob ich, falls der liebe Gott ihn abberiefe, wohl seine Münchener Praxis übernähme. Als ich versicherte, der Vater befinde sich auf dem Wege der Genesung und werde bald selbst wieder seine Sprechstunde halten, da äußerte sie wohl höflich ihre Freude, seufzte dann aber wie jemand, der es besser weiß.

Eine hübsche Person stellte sich als Mitglied einer Krankenkasse vor, die nur in München bestand und den Namen ›Sanitätsverband‹ führte. Sie merkte gleich, daß mir die Listenführung nicht geläufig war, trat unbefangen an den Schreibtisch, zog aus einem Stoß blauer Hefte ein dunkelrotes hervor, schlug es auf und deutete auf ihren Namen: »Das bin ich, die Frau Maria Fuger, und in diese kleine Rubrik müssen Sie einen Strich einzeichnen.« Mehr als in anderen Städten war damals in München der Arzt noch persona sacra und das allgemeine Vertrauen weit größer als der Trieb zum Besserwissen und zum Bemängeln. Im ganzen verlief alles gut. Mein Gedächtnis bediente mich treu mit väterlichen Regeln; es war, als lenkte er von seinem Lager aus durch Tür und Vorhang hindurch den Gang der Stunde. Während ich jedoch Organe behorchte, Ratschläge gab und von Zeit zu Zeit eine Schaufel Kohle in den Ofen warf, prägten sich mir die Einzelheiten des Zimmers ein. Schon beim Schreiben des ersten Rezepts war mir das wohlbekannte hölzerne Tintenfaß wie ein freundlicher Gruß in die Augen gefallen; es erinnerte mich wie vor Zeiten an den Meister Nikolas im Struwwelpeter; aber der Vater hatte wohl schon lange die Feder nicht mehr eingetaucht; Spinnenfäden spannten sich darüber; ich mußte erst die Flasche suchen und es füllen. Hinter Mikroskop und Hörrohr stand unter bestaubtem Glas ein Jugendbild der Mutter: sie trägt ein Pelzbarett mit langer Feder und hat die Hände in einem Muff. Dem Schreibtischsessel gegenüber hing die vertraute hohe Wanduhr, wo langsam in dem Glasgehäuse die Perpendikelscheibe schwang. Die Margret, die alte Freundin der schnurrbärtigen Maria, schien also doch ein braves Leut zu sein, da sie dem Vater immerhin regelmäßig die Uhr aufzog. Sonst allerdings hatte sich Fremdheit um alle diese wohlbekannten Dinge gelegt; sie sahen fast ärmlich aus und so zufällig, als könnten sie auch anderswo sein. Die graue Tapete mit mattgoldenen Gräsern ließ auch nicht viel Heiterkeit aufkommen, und die andere Straßenseite verstellte mit hohen grauen Häusern das Licht. Gern hätte ich gewußt, was für Leute da drüben wohnten; doch zeigte sich niemand. Ein Fenster war mit Blattpflanzen halb zugewachsen; im nächsten hing eine nicht ganz fertiggebaute Geige, noch ohne Saiten.

Zuletzt kam noch ein sehr leidender junger Mann, der heiser sprach und vor Schwäche gleich auf den Stuhl sank, eine Menschenart, die mir später noch oft begegnen sollte. Schlau lächelnd gestand er, er habe absichtlich den Schluß der Sprechstunde abgewartet; man müsse sich, wenn man ein wenig schwach veranlagt sei, sehr in acht nehmen, zuweilen säßen Schwindsüchtige in den Wartezimmern der Lungenärzte, und mancher Kranke brächte auch rauhe Winterluft von draußen mit, wie leicht könnte man sich da erkälten oder schädliche Keime auffangen! Mit großer Natürlichkeit sagte er dies; beinahe vergaß man, daß doch er selbst es war, der andere gefährdete. Was konnte man tun, als ihn in seinem Wahn bekräftigen und ihm raten, er möge sich nur ja nicht viel unter Leute begeben.

Trotz meiner Bemühung, die Konsultationen abzukürzen, konnte ich den Vater doch erst gegen sechs Uhr aus der erzwungenen Ruhehaft befreien. Ich erwartete ihn müde und verdrießlich, im besten Falle schlafend zu finden; doch in aller Stille war er aufgestanden und saß nun am Fenster im Schatten des Vorhangs, bekleidet mit seinem grauen rotgefütterten Schlafrock, dem alten Geschenk der Mutter. Wie einen Prüfling, den man beglückwünscht, faßte er meine beiden Hände: »Das Zeug zum Arzt hast du in dir, das weiß ich jetzt«, und nun sah ich ihn durch Tränen lächeln. Aber weiche Stimmungen zu zeigen war nie seine Sache gewesen; dies konnte nur ein Krankheitszeichen sein. Und schon schämte er sich seiner Bewegtheit und verdrängte sie durch eine leichte Rüge: »Etwas zu höflich bist du noch, kommst den Leuten zu sehr entgegen. Kompromisse sind ein Unheil, vergiß es nicht! Wenn du einem Patienten vier Stunden tägliche Liegekur verschrieben hast und er fragt, ob nicht am Ende auch dreieinhalb genug wären, so zeige dich unerbittlich! Nicht eine Minute laß herunterhandeln! Auch das ›Nehmen Sie, bitte‹ gewöhne dir ab! Der Arzt bittet nicht; er verordnet. Noch schlimmer ist es, wenn er seine Weisungen begründet; mancher fühlt sich dadurch ermutigt, Gegengründe vorzubringen, und ernstlich versteht ja doch keiner seinen Gedankengang.«

Er schien noch einiges auf dem Herzen zu haben; doch es klingelte draußen; der Geheimrat Guido Jochner kam, um dem alten Freund und Kollegen einen Krankenbesuch abzustatten. Er horchte lange an seiner Brust, prüfte nachdenklich den Puls, der ihm Rätsel aufzugeben schien, und riet ihm schließlich, sobald er sich reisefähig fühle, mit mir nach Passau zu fahren: »Dort hast du gute Luft und Ruhe.« Die Münchner Wohnung mißfiel ihm: »Einem anderen würdest du nicht erlauben, einen so lichtarmen Raum zu beziehen.« Der Vater war trotz einiger Schweratmigkeit gut aufgelegt und konnte sich's auch nicht versagen, seinen heutigen Vertreter ein wenig herauszustreichen; dann jedoch verriet er, halb im Scherz, dem alten Freund seine Sorgen: »Wenn er uns nur nicht fahnenflüchtig wird, der Bursche, und zu den Männern der Feder übergeht!« Jochner wunderte sich: »Wieso? Darf man denn fragen, was er schreibt? Krankengeschichten?« Ich fürchtete eine peinliche Wendung des Gesprächs; es verlief aber glimpflich. »Nun ja, Verse«, sagte der Vater, »Verse, wie man sie halt in der Jugend schreibt, nur nicht so patriotisch, wie die unsrigen waren, dafür vielleicht ein wenig talentierter.« Er nahm das ›Hilfe‹-Heft vom Tisch und schob es dem Geheimrat hin. Dieser rückte seine Brille zurecht, las langsam und sagte nach längerer Pause: »Vielleicht hat doch der Schiller nicht ganz unrecht, wenn er meint, der Dichter wäre eigentlich der wahre Mensch. Und bei einem neuen Schriftsteller, ich glaube, er hieß Paul Ernst, habe ich neulich gar gelesen, in einer schlimmen Zeit wie der unsrigen könne nur der Dichter den Menschen helfen.« Damit hatte Jochner zwei Sätze angeführt, die dem Vater am unerwartetsten, dem Sohn am willkommensten waren, wenn sie ihn auch nicht ganz überzeugten; denn seit er viel mit Kranken verkehrte, bewies ihm beinahe jeder Tag, daß das echte Menschliche nicht nur auf den Feldern des Schrifttums wächst. Für mich war aber die Stunde der Wiedergutmachung gekommen, und ich merkte auch, welche Last dem Vater von der Seele fiel, als ich mich beeilte zu erklären, es käme mir gar nicht in den Sinn, solcher kleiner Versuche wegen meine Patienten im Stich zu lassen. Vielleicht war dies im Augenblick ernst gemeint; ich sah die zunehmende Ermüdung des Vaters, und zum ersten Mal, wie von ferne her, meldete sich der Gedanke, er könnte den Tod in sich tragen. »Das beste ist, sich auszusprechen«, sagte er. »Die Leute reden so törichtes Zeug. Jemand hat mir weismachen wollen, du würdest eine Stellung in einem Kabarett annehmen.« Die beiden Herren lachten über die phantastische Verleumdung, und ich lachte höflich mit. Die alte Margret kam, brachte Milch, zwei Eier und eine Semmel, verbeugte sich gegen den Herrn Geheimrat, lächelte uns allen zu und ging wieder.

Als ich Jochner zum Haustor hinabbegleitete, bekannte er offen, daß er die Krankheit des Vaters für sehr ernst halte, sie zeige typhösen Charakter, das Herz arbeite schwach, und auch das Nervengleichgewicht sei gestört. »Eben schien er ja noch ganz der alte; aber da wirkte die Freude über Ihre Ankunft mit, vielleicht auch die Erklärung Ihrer Treue zum ärztlichen Beruf. Anfangs aber, beim raschen Fieberanstieg, mußte er sich in einer recht sonderbaren Verfassung befunden haben. Er vergaß auf die Kranken, die daheim in seinem Wartezimmer saßen, und fuhr hinaus nach Planegg. Es gelang ihm, bis in die großen Liegehallen des Lungensanatoriums vorzudringen. Er näherte sich den Kranken, als wäre er ihr behandelnder Arzt, schüttete ihnen Händevoll von seinen Pilokarpin-Tabletten auf die Bettdecken, gab ihnen Vorschriften, nannte das Mittel Panakea, womit er es wohl als ein Allheilmittel bezeichnen wollte, und versprach ihnen Wunderwirkungen. Den Anstaltsarzt kenne ich gut; er hat Aufsätze Ihres Vaters gelesen und ist ein vernünftiger Mann, der gleich merkte, daß der Kollege gesundheitlich nicht in Ordnung war. Er sah, wie das beginnende Fieber ihn schüttelte, riet ihm ganz ruhig, einige Tage Bettruhe zu halten, und brachte ihn mit seinem eigenen Wagen hierher in die Wohnung. Von all diesem scheint er nichts mehr zu wissen. Als ich ihn am nächsten Tag besuchte, lag er noch sehr benommen im Bett. Reisen Sie bald mit ihm nach Passau – wer weiß, wie lange es noch möglich ist! Sparen Sie auch nicht mit leicht betäubenden Mitteln! Bei besonderer Nervenunruhe wirkt am besten Skopolamin. Schreiben Sie mir einmal einen kleinen Bericht! Und nun Gott befohlen!«

Als ich ins Zimmer zurückkam, standen Milch und Eier noch unberührt. Der Kranke aber war eingeschlafen.

Die Fahrt nach Passau war für den Vater ein Fegefeuer. Schwäche, Durst und Schläfenschmerz nahmen zu. »Ich werde nie wieder denken können«, sagte er einmal. Während er dahindämmerte, trat ich ans Fenster, um unser altes Haus am Bahndamm zu sehen. In dem Augenblick, da der Zug daran vorbeifuhr, trat aber die Mutter, von meiner Schwester gestützt und geführt, aus der Haustüre. Sie wußten beide von meiner Münchner Fahrt, aber nicht von unserer gemeinsamen Heimreise und ihrem ernsten Anlaß. Mir fiel noch auf, daß das Haar der Mutter schneeweiß geworden war. Dann sah ich den rosablühenden Pfirsichbaum vor dem braunen Holz der Hauswand. Kurz vor Passau mußte ich noch einen kleinen Buben beruhigen, der im Abteil saß und bitterlich weinte. Seine Mutter saß mit schuldbewußter Miene neben ihm, redete ihm tröstlich zu und erklärte mir sein Mißgeschick. Zu Hause in Plattling hatte ihm sein Onkel von dem steinernen Löwen erzählt, der zwischen Seestetten und Schalding dicht bei der Eisenbahn von einem hohen Postament ins Donautal hinausblickt. Jeder kannte das granitene Wahrzeichen der Gegend, das im Jahre 1823 zur Erinnerung an den Bau der Uferstraße von dem Bayernkönig Maximilian errichtet worden war. Der Kleine hatte seit Plattling geduldig auf den Löwen gewartet und in Vilshofen die Mutter gefragt, ob er links oder rechts zum Fenster hinausschauen sollte. Ach, und sie hatte es nicht gewußt, hatte rechts gesagt statt links, war also schuld daran gewesen, daß er den Löwen übersah. Als der Vater fragte, warum denn der Bub gar so heftig schluchzte, gab ich ihm Auskunft, und zum ersten Mal auf dieser peinvollen Fahrt lachte er wie in gesunden Tagen; ja griff sogar in die Tasche und suchte ein silbernes ›Fuchzgerl‹, um den tief betrübten Kleinen zu entschädigen. Ich fand auch noch eine Orange für den noch immer Schluchzenden, und während ich ihn und seine Mutter belehrte, wie sie sich auf ihrer Rückreise verhalten sollten, damit sich das Unglück nicht wiederhole, fuhren wir in den Passauer Bahnhof ein.

In den Tagen nach der Heimkehr konnte man durchaus an beginnende Genesung glauben. Das Fieber sank; der Vater ging in der Wohnung umher, die nach heutigen Begriffen recht bescheiden war, sprach über seine verschiedenen Münchner Fälle und fragte sich in Stunden besonderer Euphorie, ob der Direktor Hüssener die Stellung, die er bei Krupp in Essen für ihn geplant hatte, ihm wohl offenhalten würde; bis Mai oder Juni hoffe er ihr gewachsen zu sein.

Mutter und Schwester kamen von Seestetten herein und freuten sich, wenn sie hohes Lob für ihre Koch- und ihre Pflegekünste ernteten; doch konnte mir auch diesmal nicht entgehen, wie sehr gealtert neben dem noch immer jugendlichen Vater die Mutter aussah. Diese sprach einmal mit halb scherzhaftem Bedauern davon, worauf der Vater lächelnd äußerte, innerlich sei ohne Zweifel er der sehr viel ältere.

Als er ein Programm der ›Elf Scharfrichter‹ auf meinem Schreibtisch liegen fand, fürchtete ich eine Verstimmung; aber die Gespräche, die sich nun ergaben, nahmen eine erfreuliche Wendung; denn in dem Trieb, ihn aufzuheitern, nahm ich es mit der Wahrheit nicht mehr ganz genau. »Ich habe dir ja noch gar nicht mitgeteilt«, sagte ich, »daß der Direktor des Kabaretts zu den Elf Scharfrichtern, Monsieur Marc Henry aus Paris, und seine Gattin in meiner ärztlichen Behandlung stehen. Sie schlucken täglich deine Tabletten ganz nach Vorschrift, und der Erfolg wirkt sich auch in ihren künstlerischen Leistungen aus. Im Juni kehren sie nach Paris zurück; ich glaube, sie werden auch dort für unsere Sache eintreten.«

In gesunden Tagen hätte der Vater eine solche Aufschneiderei mit feinem Spott zurückgewiesen; jetzt aber fragte er nur: »Wie bist du mit den Herrschaften bekannt geworden?« Da merkte ich, daß es der Schwadroniererei zuviel geworden war, schämte mich und antwortete kurz: »Durch meinen Freund Lautensack, den du ja kennst«, womit er sich zufriedengab. Ihm war es genug, daß ich von *unserer* Sache gesprochen und mich also zu ihm bekannt hatte. Er wollte nun auch nicht der Kleinliche sein und sprach sehr nüchtern von dem inneren Zwiespalt, den er in mir vermutete. »Auf eine bedrükkend große Praxis brauchst du dich nicht einzulassen«, beruhigte er. »Ich hoffe selbst noch ein paar Jahre lang mitzutun, und wir werden uns in die Arbeit teilen. Einem Schriftsteller, der zugleich Arzt ist, fehlt es niemals an Modellen, und im Gegensatz zum Bildhauer oder zum Maler müssen diese ihn bezahlen, nicht er sie.«

Er lächelte; er wußte nicht, wie wunderlich, wie unlogisch, wie unpraktisch es in mir zuging, wenn ein Gedicht entstehen wollte. Und was ich in dem selben Augenblick erwartet hatte, schon geschah es: er fragte freundschaftlich, was ich denn gegen die Sophie hätte, warum ich sie nicht heiraten mochte, und schüttelte langsam den Kopf, als ich von Hemmungen und Bedenken sprach, in denen mich auch Philipp Mainländer bestärkte. Auch daß eher ein Kamel durch ein Nadelöhr gehe als ein Reicher in den Himmel, nannte er einen törichten Ausspruch, obwohl er in der Bibel stünde. »Reichtum ist Freiheit«, sagte er, »und als Besitzer und Verwalter eines großen Vermögens in dieser Welt zu leben ist unendlich viel schwerer als durch enge kleine Verhältnisse sich mühsam durchzuzwängen. Wenn die Spießer hören, daß einem ungewöhnlichen Menschen ein bissel Geld zugefallen ist, so denken sie nur an bequemes Leben und an Genießerei, nicht an die Pflichten, die ihm das Vermögen auferlegt.«

Als ich bescheiden erwiderte, so ganz einfach wäre es mit Philipp Mainländer doch wohl nicht gewesen, und als Fünfunddreißigjähriger habe er sich in Offenbach am Main erschossen, ohne daß äußere Verhältnisse ihn dazu genötigt hätten, wurde der Vater allerdings nachdenklich. »Ein armer kranker Mann«, sagte er und führte das Gespräch nicht weiter. Ich merkte aber, daß langsam sein Fieber zurückkehrte.

Ich schlief im Nebenzimmer, durch eine Wand von ihm getrennt, und hatte ihm das Versprechen abgenommen, mir kräftig zu klopfen, wenn er etwas wünschte. Dies geschah bereits in der folgenden Nacht; er hatte heftigen Durst und bat um ein Glas Wasser; auch stand er unter der Nachwirkung eines Traumes, eines echten Fiebertraumes, aus dem er soeben erwacht war, und freute sich, einen aufmerksamen Zuhörer an mir zu finden. »Ich ging über ein Feld«, erzählte er, »das nach allen Seiten bis zum Gesichtskreis reichte. Das Land war Brasilien; dies wußte ich, fand es aber ganz natürlich, daß in einiger Entfernung der Kirchturm von Kading stand. Das Riesenfeld war gleichmäßig dicht bepflanzt, und zwar mit Jaborandistauden, aus denen ja, wie du weißt, unser Pilokarpin gewonnen wird. Der Himmel flimmerte weiß und grau; der Boden war überall vor Hitze zu tiefen Spalten aufgerissen, und nun sah ich die ungeheueren Felder in der Nähe welken und verdorren. Wie von einem unsichtbaren Feuer kräuselte sich das feine Gezweig, wurde erst gelb, dann braun und schwarz. Ratlos ging ich durch die sterbenden Äcker und begriff, daß es in Zukunft kein Pilokarpin mehr geben, daß ich nie mehr einen Kranken heilen würde. Zugleich stand ich aber auch in unserem kleinen Kadinger Garten. Darin war die Mutter beschäftigt, und von ihr kam Hilfe. Sie hatte alle Rosen und all ihre anderen schönen Blumen mit den Wurzeln ausgezogen und statt ihrer nur noch Jaborandi gepflanzt. Stephanie war bei ihr; die beiden schleppten Kannen voll Wasser und gossen eifrig Beet um Beet. Es war eine Wohltat, die Pflanzen zu sehen, wie sie Bäumchen wurden und sich zart belaubten. Auch ein Laubfrosch, der verdurstet und wie zu einer braunen Hutzel eingetrocknet war, belebte sich wieder, quackte laut und ergrünte.«

Vor den Feiertagen erhielten wir Besuch. Überraschend erschien die Frau Oberin des Klosters Freudenhain an unserer Wohnungstür, begleitet von Mater Gonzaga; doch wollten die beiden gar nicht eintreten und gleich wieder gehen, als ihnen die Mutter vom Unwohlsein des Vaters erzählte. Sie hatten wohl schon davon gehört, es aber nicht als eine ernste Krankheit angesehen. Die Türe zu seinem Zimmer stand jedoch offen, und als der Kranke dem Gespräch entnahm, die Klosterfrauen hätten auch drei Zöglinge mitgebracht, die bereits in meiner Behandlung standen, und kämen eigentlich nur, um diese vorzustellen, da erwachte im Vater der ärztliche Geist; er wollte durchaus die kleinen Patientinnen sehen und sie mit mir gemeinsam beraten. Nun durften die drei blonden Schwestern unter Führung der Nonnen hereintreten, und ich sah gleich, daß es den Kindern wirklich viel besser ging; sie hatten jedenfalls an Körpergewicht sehr deutlich zugenommen. Die Oberin bemerkte nur, das kleinste der Mädchen könnte leider die Tabletten nicht besonders gut vertragen, es bekäme darauf Magenschmerzen und eine Nervenunruhe, die den Schlaf behindere, man habe deshalb damit ausgesetzt. Der Vater schien das nicht leichtzunehmen; er schwieg und dachte nach. Später erzählte er, bald mir, bald den beiden Klosterfrauen zugewandt, von einer Behandlungsart, zu der er durch Gespräche mit einem jungen Münchner Kollegen geführt worden war; sie galt als neu, war jedoch in Wahrheit alt. Sie verzichtete völlig auf Darreichung von Arzneimitteln und erzielte doch große Wirkungen. Aufnehmendes Organ war nicht der Magen, sondern die Haut, wirkendes Mittel nicht das Pilokarpin, sondern, zu meiner Verwunderung, die einfache, überall erhältliche Schmierseife; von dieser sollte täglich eine geringe Menge in Form einer milden geschmeidigen Salbe bald auf der Brust, bald auf den Schultern, bald auf Armen oder Beinen verrieben werden. Jede dieser begrenzten Hautflächen sog und schluckte dann gierig den scheinbar so harmlosen Stoff und ließ ihn in die tieferen Gewebe sickern, aus denen er ins Blut überging und starke, noch nicht ganz erklärte Heilwirkungen entfaltete. Während sich der Vater noch weiterhin über diese neue Methode verbreitete, die ihm stark einleuchtete und mir zu bedenken gab, wie sie sich im Wechsel mit Pilokarpinkuren erfolgreich anwenden ließe, begannen die dunkel gekleideten Mädchen aus weißen Seidenpapierhüllen hochrot gefärbte Ostereier auszuwickeln, dazu Palmkätzchenzweige und goldgelbe Märzenbecher. Sie waren Bauernkinder aus dem Bayerischen Wald und sagten, auch ihre Eltern fühlten sich seit ihrer letzten argen Erkältung nicht mehr ganz gesund; gleich nach den Feiertagen würden sie beide zu einer Untersuchung kommen.

Nun aber machte die Frau Oberin, das Ruhebedürfnis des Vaters erwägend, der heutigen Konsultation energisch ein Ende; sie winkte den drei Zöglingen zu gehen, und indessen diese noch schnell ihre bunten Gaben auf einem Tisch zurechtrückten, suchten beide Klosterfrauen in einem Kesselchen, das neben der Türe hing, nach dem geweihten Wasser, das meine Schwester von Zeit zu Zeit erneuerte. Sie besprengten die Stirn des Kranken und verließen geisterhaft leise das Zimmer. Von dieser Szene, die wie der Schatten einer Totensegnung an mir vorüberzog, merkte der Vater nichts; bei ihm setzte das leise Frösteln ein, das meistens dem Fieberanstieg vorausging, und in solchen Augenblicken pflegte sich sein Bewußtsein zu umtrüben.

Ich saß nun ganz allein bei ihm und überdachte bald die Vergangenheit, bald auch die Zukunft. Sehr tröstlich war es mir in jenen Tagen, durch das Fenster zu einem großen Baum hinüberzusehen, der jenseits der Straße in einem kleinen Hausgarten stand und in seinem obersten Gezweig noch immer einen leuchtend roten Apfel festhielt. Dicht hinter den Gärten erschütterten täglich viele nach Wien fahrende

Schnellzüge den Boden, und auch mancher Herbststurm hatte sich bemüht, den schönen Letztling herunterzuschütteln; aber nun näherte sich schon das Osterfest, und er hielt sich noch immer.

Der Vater schlief seinen unruhigen Schlaf; Mutter und Schwester kamen mit verweinten Augen herein, um das Zimmer in Ordnung zu bringen, und manchmal sprach der selbst etwas leidende Dr. Sandtner vor, fühlte den Puls des kranken Kollegen, bemerkte, er sei noch ziemlich gut, nur etwas unregelmäßig, schrieb Strophanthestropfen auf ein Rezept und empfahl sich mit einem teilnehmenden Händedruck. Wären dem Vater noch einige Lebensjahre vergönnt gewesen, so hätte er noch eine höchst erfreuliche Entwicklung der sonderbaren Seifenkur mit Augen gesehen. Als verfeinerte medizinische Salbe leistet das Mittel heute noch unter dem Namen Sudian den Ärzten, insbesondere den Kinderärzten, ausgezeichnete Dienste. Die drei blonden Klosterzöglinge, die noch vor Ostern Märzenbecher und gefärbte Eier mitgebracht hatten, gehörten zu den ersten, die der neuen Anwendung zum großen Teil die Vollendung ihres gesunden Wachstums verdankten. Sie läßt den Magen unbelästigt, wirkt jedoch von der Haut und vom durchbluteten Gewebe aus auf die jungen Leiber ganz ähnlich ein wie Sonnenenergie auf grüne Pflanzen.

In den Feiertagen wechselte beim Vater sehr hohes Fieber mit jähen Entfieberungen. Wenn ich ihn fragte: »Wie geht es dir?«, antwortete er meistens: »Etwas besser als gestern.« Der Mann, der die Gesundheitsverhältnisse anderer so richtig beurteilte, schien sich über seinen eigenen Zustand stets zu täuschen. Als ich ihn am Weißen Sonntag noch einmal ansprach, erhielt ich keine Antwort, merkte auch keinen Puls und keine Atmung mehr. Keine Agonie, kein Todeskampf hatte stattgefunden, es war einfach ein sehr sanftes Aufhören des Lebens gewesen. Wundersam glich der Verstorbene nun auf einmal dem Schülerbild aus seiner Passauer Zeit, wo er mit der Miene eines jungen Grüblers neben seinen drei Preisbüchern sitzt, die ihm das Gymnasium für besonderen Fleiß zugeteilt hatte, und seinen Bleistift nachdenklich an die Lippen hält.

AFRA

Auf dem Friedhof traf ich Afra. Sie war schmäler geworden und fand auch mich ein wenig verändert. Daß ich ihr zu ihrem glänzend bestandenen Examen Glück wünschte, freute sie sichtlich. Gewiß war auch der Fleiß für sie das beste Mittel, um den Schmerz über Luitgardes Verlust zu überwinden, der in den ersten Wochen sonderbare Formen angenommen haben mußte. Von ihrem wunderlichen Verhalten war in der Stadt viel gesprochen worden, während Luitgarde von den meisten fast schon vergessen war. Zu Ende September mußte man sie wohl als innerlich gestört ansehen. Wenn sie erfuhr, daß sich die Krankheit einer weiblichen Person in der Stadt verschlimmerte, so daß man mit ihrem nahen Ende rechnen mußte, überwand sie ihre Menschenscheu und ihre Schwäche, kaufte rote oder weiße Rosen und machte den Angehörigen einen kurzen Besuch, sagte, sie kenne zwar die Patientin nicht von Angesicht zu Angesicht, habe jedoch unendlich viel Gutes von ihr gehört und wolle sich nur nach ihrem Befinden erkundigen, ihr auch, falls es erlaubt wäre, kleine Dienste erweisen, etwa einen Brustwickel anlegen oder ihr Gesicht, Arme und Hände mit Kölnischem Wasser waschen, wovon das Fieber manchmal über Nacht verschwinde. Zuweilen fügte sich's, daß einer ihrer Krankenbesuche in die Sterbestunde fiel; sie nahm dann an den kirchlichen Zeremonien andächtig und mit vielen Tränen teil, versäumte auch nie, die Anrufungen der Priester lateinisch mitzubeten. Abergläubische Menschen befremdete diese ungewöhnliche Form der Caritas, und eine strenge Oberstudienrätin nannte Afra den Todesengel.

Während ich mit ihr auf einer Bank in der Nähe von meines

Vaters Grab Erinnerungen austauschte, brachten Arbeiter eine mächtige Ladung Kies auf einem riesigen Lastwagen, dem zwei starke Gäule vorgespannt waren, durch das weitgeöffnete Gittertor in den Friedhof herein. Die Arbeiter setzten sich neben uns und verzehrten gemütlich Brot und Speck, während die beiden Pferde vom überhängenden Gezweig der großen Trauerweide das Laub herunterfraßen.

Afra hatte seit Luitgardes Tod zur Vorbereitung auf ihre Prüfung sehr viel aus Maeterlinck und anderen französischen Schriftstellern übersetzt, und einige Sätze, die leicht erkennen ließen, in welcher Welt sich ihre Gedanken bewegten, sagte sie mir auswendig vor:

»Alle unsere Toten, die wir auf dem Friedhof wähnen, sind noch in uns. Sie haben keine andere Zuflucht, keinen anderen Aufenthaltsort.

Wir sind die Friedhöfe unserer Toten, aber lebendige, belebte Friedhöfe wie ein Dorf voller Kinder im Märchen.

Fast nie sind es ihre wichtigsten, ernstesten, bedeutendsten Worte, Gebärden und Taten, die uns wieder einfallen, sondern meist ein einfaches Lächeln, eine Eigenheit, ein nichtssagendes oder lächerliches Wort, als wären alle menschlichen Werte und Ansichten bei Berührung mit dem Grabe umgekehrt worden.

Solange ein Mensch lebt, weiß man nicht, was er ist, noch was er tun wird. Vertrauen fassen wir nur zu den Toten.

Unser Leben ändert sich völlig mit dem Tage, wo wir anfangen, mit den Toten in uns zu verkehren und sie zu verstehen . . . Sie sind die wahren Reichtümer unseres Lebens.«

Von meinem Vater konnte ich ihr nur erzählen, wie sehr er in den letzten schlaflosen Nächten seines Lebens ein Lernender geworden war. Er wollte viel von neuen Arzneimitteln wissen, die jetzt in den Leipziger Kliniken angewendet wurden, so etwa vom Urotropin, das er noch nicht kannte, oder von den Hefepräparaten, die man seit kurzem gegen Furunkulose verordnete.

Ein sehr alter Herr ging an uns vorüber, erwiderte meinen Gruß mit Zurückhaltung, verbeugte sich aber tief vor Afra und entfernte sich nach der Stadt. »Das war unser früherer Hausarzt«, flüsterte sie und hatte auf einmal wieder ihr schelmisches Mienenspiel von einst. »Er hatte zuviel von dem, wovon Sie vielleicht zu wenig haben, war aber doch ein tüchtiger Mann, der sich nur leider selbst gar zu ernst nahm. Wenn unsere Eltern ihn riefen, kam er jedesmal sofort, fing aber noch lange nicht mit Untersuchen, Abhorchen und dergleichen an. Zuerst ging er von Zimmer zu Zimmer und stellte die sämtlichen Uhren in der ganzen Wohnung still. Diese radikale Ausschaltung aller störenden Geräusche weckte überall die größte Ehrfurcht; er gilt heute noch als unfehlbarer Diagnostiker, obgleich er nahezu taub geworden ist, und wenn boshafte Leute sagen: ›Der hört ja, scheint es, die Bazillen husten‹, so liegt auch in diesem Spott eine Anerkennung.«

Wir hielten uns vor dem schlichten frischen Grabhügel meines Vaters, über dem noch kein Stein gesetzt war, eine Weile auf und gingen dann langsam die östliche zum Inn hinabgekehrte Friedhofswand entlang, wo die Grabstätten und Erbbegräbnisse der wohlhabenden und vornehmen Passauer Familien dicht nebeneinander lagen, sämtliche noch im Geschmack der Jahrhundertwende, mit Photographien und marmornen oder metallenen Standbildern.

In der Dämmerhelle eines der kleinen verschließbaren Mausoleen stand ein hoher Engel mit bronzegrünen Schultern und weit ausgespannten Flügeln, und vor allem diese Figur hatte in Luitgarde den Gedanken erweckt, sich nach ihrem Tode, von dem sie oft sprach, vielleicht weil sie ihn für unendlich fern hielt, eine ähnliche Ruhestätte zu wünschen. Wegen der sehr hohen Kosten war dies nun zu Afras Bedauern unmöglich geworden, und Luitgarde ruhte nahe dem Grab meines Vaters unter einem hellgrauen Stein mit frommer Inschrift. Ich gestand aber offen, daß ein modernes Grabgebäude einst auch der Wunsch meiner Mutter für sich und für den Vater gewesen sei, daß jedoch beide längst wieder davon abgekommen wären.

Seit ich zum ersten Male hier gegangen war, hatte sich wenig verändert. Europa wartete noch auf seine großen Kriege. Die wenigen neuen Gräber aber waren mit weißen violett gezeichneten Petunien und anderen altmodischen Blumen bepflanzt, hinter denen Gebüsche von Eisenhut und Feuerlilien wucherten; doch waren alle Blüten verwelkt und verwaschen; denn es hatte eine Woche hindurch geregnet, und der Inn ging hoch. Vom Anprall seiner Wellen zitterte der Boden unter unseren Füßen, und sonderbare Wolkenbildungen verkündeten für die nächsten Tage neue Regengüsse. Hoch über uns hing eine dunkle, seltsam regelmäßig aufgebaute Wolkenschicht, von deren oberem Rand sich silberweiße Linien in ein tiefes Blau hinein verloren.

Als wir umkehrten und wieder beim Grabhügel des Vaters anlangten, näherte sich ihm von der anderen Seite des Gottesackers her ein sichtlich krankes, im Gehen behindertes Frauenzimmer, das ich gleich erkannte; es war die alte Ida Krompaß, die Appellationsgerichtsratsdienerstochter, die so stolz auf diesen Titel war und mir ein ärztliches Attest so überaus nobel mit einem Goldstück bezahlt hatte. Durch sie war ich zu dem Vorsatz gekommen, solche Münzen ein paar Jahre lang zu sammeln, um auf diese Weise so reich und so unabhängig zu werden, wie Schopenhauer es für den geistigen Menschen verlangt. Sie hatte ein paar bescheidene gelbe Blumen in der Hand, legte sie auf das Grab, besprengte es mit Weihwasser, das sie in einem Fläschchen mitgebracht hatte, verrichtete ein kurzes Gebet und verließ den Friedhof. »Ich glaube zu verstehen, warum Ihre Eltern von dem Gedanken an ein feudales Grabgebäude wieder abgekommen sind«, sagte Afra. »Ein Grab, insbesondere das Grab eines Arztes, muß wie seine Sprechstunde allen Menschen frei zugänglich sein, und die arme Alte dort hätte sich mit ihren paar dürftigen Blümchen an ein vornehmes Mausoleum, noch dazu an ein verschlossenes, wahrscheinlich gar nicht herangetraut.«

Ich dachte daran, wie Afra vor etwa zwei Jahren meine

Hand eine Sekunde lang in der ihrigen gehalten und beim Loslassen kaum fühlbar noch einmal gedrückt hatte.

Abends vor dem Einschlafen glaubte ich die Situation meines Lebens mit geistigem Auge sehr nüchtern zu überblicken. Ich sah zum ersten Mal ein, daß alles Ansammeln von Gold oder Geld mich nie zu einer wahren Freiheit führen konnte. Mit unseren Lebenden und unseren Toten fühlte ich mich tief befreundet; dies war eine Bundesgenossenschaft, auf welche ich bauen durfte. Ich dachte an meinen Vater, an mein Verhältnis zu ihm. Dieses wurde nur noch wesenhafter, seit er nicht mehr lebte. Ein altes Wort glaubte ich endlich recht zu verstehen: Tönend wird die Muschel erst, wenn der lebendige Leib aus ihr entfernt ist. Vorderhand erwartete mich vom nächsten Morgen an wieder das gewohnte Dasein, wo ein Tag ungefähr dem anderen glich. Einmal aber mußte alles anders werden, die längst geahnte Zeit mußte sich erfüllen, wo mitten im Gedränge unaufschieblicher Geschäfte jeder Tag ein paar geduldig stille Minuten bringt, in denen die Seele sich selber gehört und auf sich selber hört.

Zu dieser Ausgabe

insel taschenbuch 1137
Hans Carossa, Der Tag des jungen Arztes

Die Erstausgabe »Der Tag des jungen Arztes« erschien 1955 im Insel Verlag. Der Text folgt der Ausgabe: Hans Carossa, Sämtliche Werke. Zweiter Band. Insel Verlag Frankfurt am Main 1962. Frontispiz: Approbationsurkunde von Hans Carossa. Foto: Carossa-Archiv, Passau-Rittsteig. Umschlagabbildung: Carl Thiemann, Frühlingsblüten. 1907. Museum Ostdeutsche Galerie Regensburg.